ORACIONES
para dar
GRACIAS

José Carlos Bermejo

Humanizar

PPC

© 2025, José Carlos Bermejo
© 2025, PPC, Editorial y Distribuidora, SA

Impresores, 2
Parque Empresarial Prado del Espino
28660 Boadilla del Monte (Madrid)
ppcedit@ppc-editorial.com
www.ppc-editorial.com

ISBN: 978-84-288-4267-9
Depósito legal: M-5890-2025
Impreso en la UE / *Printed in EU*

PRESENTACIÓN

¡Qué humildes son las oraciones que contiene este libro! Tan sencillas que se refieren a cualquier cosa, a lo cotidiano, a lo que, por habitual y a nuestro alcance, puede pasar desapercibido. Quizás esté ahí su valor: dar gracias por todo, por lo que tenemos, lo que experimentamos, lo que anhelamos y por lo que nos comprometemos.

Decía Cicerón que "la gratitud no solo es la mayor de las virtudes, sino la madre de todas las demás". Y es que es sano vivir agradecidos, identificando lo que de bueno recibimos, lo que está a nuestro alcance, lo que tuvimos en el pasado, pero también lo que tenemos como anhelo, como contenido de nuestra esperanza. Agradecerlo todo. Quizás hay que reconocer que la gratitud es, antes que nada, un gesto de justicia.

Dar gracias promueve la esperanza porque nos empodera en lo positivo. Hay más razones para esperar en quien da gracias. El ánimo que cultiva la persona agradecida está abierto a un futuro en el que los recursos con que contamos den fruto, se pongan en circulación, sean aprovechados y considerados como un bien que aumenta la confianza. Quien espera, se hace tenaz con la activación de los bienes, los hace fecundos, para que se hagan favorables a la realización de los anhelos.

La esperanza, esa niña pequeña que tira de nosotros, en palabras de Péguy, es como la sangre: no se ve, pero está y circula como indicador de vida. Así es la dinámica confiada de quien espera, de quien identifica y aprecia los numerosos bienes que, como satélites en torno a nuestra vida, le dan luz y sentido.

El sol de la fe ilumina las realidades para apreciarlas y esto nos permite expresar el agradecimiento también en forma oracional, dialógica, coloquial. Poner palabras a la experiencia de que el Señor ha estado grande con nosotros y por eso estamos alegres, identificamos el bien, cosechamos entre cantares y nombramos los productos, hace bien al ser humano. El corazón agradecido es más sano que el tacaño en agradecimiento. La mente agradecida es más lúcida que la del ingrato. Las conductas de la persona agradecida, fácilmente son más afables y cordiales, serenas y abiertas que las del desagradecido, que se retuerce en la desconfianza.

Sin duda, ser agradecido aumenta la esperanza. Pero incluso la esperanza de vida, en tanto que da paz mental, reduce las probabilidades de enfermar, aumenta los recursos para salir al paso de la fragilidad personal.

La gratitud es una fortaleza para el individuo, tanto en el ámbito personal como para sobrevivir en el entorno. En portugués, es hermoso dar gracias con la palabra adecuada: "obrigado". Transmite mucho, es como si viniera a decir: me siento tan agradecido, tan obligado por el bien que me ha hecho, que aquí me tiene, con mi candor y mi deseo positivo de devolver algo bueno por el bien que me ha hecho. Se mantiene así, con la palabra, la belleza de la conciencia del deber de disponerse al servicio de quien nos genera el agradecimiento. Una preciosa palabra.

Como afirmaba Adam Smith, la experiencia de gratitud está en la atención focal de las religiones. Todas motivan a la gratitud hacia la fuerza mayor, hacia la divinidad. Los cultos, como también la psicología positiva, coinciden con que la gratitud conduce a plenificar la existencia, a vivirla saludablemente, a aproximarse a las fortalezas humanas con atención y cultivo de la sana dimensión trascendente, la que nos conecta con el misterio y con la fuente del bien. La gratitud nos pone en relación, nos vincula a los demás, pero hecha oración nos vincula con la divinidad, nos abre a la aceptación de los bienes y favores recibidos.

Gotthold Ephraim Lessing, escritor alemán del siglo XVIII, decía que "un solo pensamiento de gratitud hacia el cielo es la oración más perfecta". Nos lleva, en efecto, a no dar por sentado que lo que tenemos es el resultado de nuestra voluntad y que lo tendremos siempre que lo deseemos, gracias a nuestro esfuerzo. Por eso, el agradecimiento nos hace educados y dignos. Cicerón, en el siglo I decía: "No hay deber más necesario que el de dar gracias".

El pasaje del Evangelio en el que Jesús atiende a diez leprosos y solo uno regresa a mostrar su agradecimiento (Lc 17,11-19) muestra cómo, en el fondo, el agradecimiento es un aspecto de la sanación. No hay salud sin agradecimiento. Solo quien integra la dimensión relacional de la gratitud, vive saludablemente consigo mismo y con los demás.

Este libro, como otros diez anteriores publicados en estos años, son una propuesta de salud y de esperanza. Quieren invitar al lector a empalabrar la gratitud, a poner humildes palabras al agradecimiento, a mirar sanamente alrededor e identificar las cosas, las personas, los valores… para nombrarlos con gratitud y ver reforzada, así, la esperanza.

Es un libro idóneo para regalárselo a uno mismo o a otros. Con él en las manos, puede ser útil en un sinfín de momentos en los que una persona o un grupo desea esponjar el corazón y expresar lo que emerge de una mirada positiva, serena y amable. Leer una oración de acción de gracias, buscada por su temática en el índice, o tomada al azar, es una oportunidad para cultivar el asombro y la virtud del agradecimiento a Dios por todo lo que nos regala cotidianamente. Es también un modo de levantar la mirada para caer en la cuenta de tantas realidades buenas con que contamos en nuestra vida, muchas de las cuales pasan desapercibidas si alguien no nos ayuda a verlas y reconocerlas graciosamente presentes.

1

La simplicidad

Padre bueno, gracias por la vida y gracias por la simplicidad.

Gracias por las cosas sencillas, fáciles, sin complicaciones. Gracias por lo que logramos hacer simple, eliminando los elementos innecesarios. Gracias por los procesos que reducimos a lo bueno, a lo práctico, a lo útil, a la expresión mínima necesaria para que sean funcionales, para que ayuden al bien.

Gracias por la simplicidad de las personas que no tienen retorcimientos en sus modos, en sus motivaciones, en sus sospechas y precauciones excesivas, sino que se presentan confiables y confiadas, humildes y simples, abiertas al encuentro sincero y auténtico.

Gracias por la sencillez de tu verdad, que está en el reconocimiento de tu presencia.

Gracias por la simplicidad.
Amén.
San Camilo: ruega por nosotros.

2

Las salas de espera

Padre bueno, gracias por la vida y gracias por las salas de espera.

Gracias por los lugares donde esperamos, donde nos damos cita para el encuentro, donde nos encontramos con otras personas que esperan o que nos esperan o a quien esperamos.

Gracias por las salas de espera que hablan de búsqueda, de encuentro, de paciencia, de similitud, de confianza, de saber aguardar el momento, el turno, la llegada.

Gracias por las salas de espera donde nos apoyamos unos a otros, nos respetamos, nos reforzamos, guardamos orden y discreción, cultivamos buenos sentimientos y palabras.

Gracias por las salas de espera donde nos hacemos confiados en que se produzca el bien, en que el encuentro sea fructífero, en que el respeto y la búsqueda del bien, cualifiquen y construyan fraternidad universal.

Gracias por las salas de espera.
Amén.
San Camilo: ruega por nosotros.

3

Lo casero

Padre bueno, gracias por la vida y gracias por lo casero.

Gracias por las cosas caseras, los productos realizados en el hogar, artesanalmente, según la tradición aprendida, honrando la memoria y costumbres de nuestros antecesores, de nuestra cultura, de nuestra familia.

Gracias por las cosas caseras que invitan a cuidar la familiaridad, el encuentro, el gusto de identificarnos con los nuestros, con la especificidad de nuestro grupo.

Gracias porque, con las cosas caseras, cuidamos el valor del trabajo, del esfuerzo, de la identidad, de la lentitud y calidad del tiempo compartido.

Gracias por lo casero que refuerza lo hogareño, la familiaridad, la relación cuidada, el disfrute de lo poco, pero compartido.

Gracias por lo casero.
Amén.
San Camilo: ruega por nosotros.

4

El sofá

Padre bueno, gracias por la vida y gracias por el sofá.

Gracias por el sofá o sillón que, de un estilo o de otro, tenemos en nuestra casa y en el que nos acomodamos, descansamos, compartimos el tiempo en familia, en comunidad.

Gracias por el sofá que nos recoge en nuestra sencillez, en nuestra humildad, en nuestra necesidad de reponernos para otros encuentros o para más trabajo.

Gracias por el sofá o sillón en el que leemos, en el que conversamos, en el que vemos cine o escuchamos noticias...

Gracias por el sofá cuyo estilo logramos personalizar para que hable de nuestra casa, nuestro rincón, nuestra familia, nuestra vida privada, el recogimiento.

Gracias por el sofá.
Amén.
San Camilo: ruega por nosotros.

5

El ocaso de la vida

Padre bueno, gracias por la vida y gracias por su ocaso.

Gracias por el ocaso de la vida, que habla de finitud, de proceso, de cierre, de muerte, de despedida, de encuentro.

Gracias por el ocaso de la vida, que se convierte en oportunidad, si no callamos enfermizamente, si no nos encerramos en la soledad, si no nos dejamos abatir totalmente.

Gracias por el ocaso de la vida que puede ser vivido en clave de gratitud, celebrativa de presencia, sanadora de daños, abierta al misterio.

Gracias por el ocaso de la vida que logramos rodear de gestos de cuidado eficaz, alivio suficiente, compañía oportuna, control de síntomas que producen malestar.

Gracias por el ocaso de la vida que da sentido al pasado y nos abre al misterio.

Amén.
San Camilo: ruega por nosotros.

6

La apertura

Padre bueno, gracias por la vida y gracias por la apertura.

Gracias por la actitud abierta de las personas no dogmáticas, no rígidas, esperanzadoras, dialogantes.

Gracias por los planteamientos abiertos al cambio, a la búsqueda del bien y la verdad, fruto de la sabiduría de la relación, del hallazgo de lo que se ajusta a la realidad, de la comprensión de la complejidad.

Gracias por las personas abiertas que son ejemplo de innovación, de creatividad, de renovación de las teorías, de los procesos, de los paradigmas interpretativos y explicativos.

Gracias por las personas abiertas que respetan también la bondad del pasado, de otros planteamientos, de otros momentos distintos, sin despreciar la tradición y la verdad encontrada progresivamente.

Gracias por la apertura de la mente y del corazón.
Amén.
San Camilo: ruega por nosotros.

7

Los coloquios

Padre bueno, gracias por la vida y gracias por los coloquios.

Gracias por los coloquios de relación de ayuda, los coloquios de desahogo y liberación, los coloquios de acompañamiento profesional, los coloquios de supervisión y que dan cuenta de lo realizado.

Gracias por los coloquios de las personas que se respetan y se abren a la diversidad, a la intimidad del otro, con asombro respetuoso y sin juicio, con autenticidad y empatía.

Gracias por los coloquios liberadores, en los que nos desahogamos, nos narramos, nos exploramos al decirnos, nos comprometemos para que pase lo que deseamos, con la responsabilidad de la apropiación de nuestra vida y su devenir.

Gracias por los coloquios constructivos.
Amén.
San Camilo: ruega por nosotros.

8

El bien decir

Padre bueno, gracias por la vida y gracias por el bien decir.

Gracias por el hablar claro, directo, asertivo, respetuoso, honesto.

Gracias por el bien decir de las cosas y de las personas, el bien decir que embellece la realidad y promueve relaciones saludables, reconocedoras, positivas, empoderadoras de lo bueno y humanizador.

Gracias por el bien decir que refuerza a las personas con las que mantenemos relaciones, porque las mira en positivo, en constructivo, en clave de libertad y autenticidad.

Gracias por el bien decir que se torna bendición, que expresa buenos deseos y buen futuro, que cultiva buenos augurios y mueve la dinámica de la esperanza comprometida.

Gracias por el bien decir.
Amén.
San Camilo: ruega por nosotros.

9

El compartir

Padre bueno, gracias por la vida y gracias por el compartir.

Gracias porque podemos hacer partícipes a otros de nuestras cosas, de nuestros pensamientos, de nuestros proyectos, de nuestros sufrimientos, de nuestra familia, de nuestra casa...

Gracias porque podemos compartir con los amigos, repartir con los más necesitados, dividir nuestro haber, distribuir nuestros recursos para solidarizarnos y hacer bien.

Gracias porque podemos compartir nuestro tiempo para ayudar, auxiliar, colaborar, acompañar y caminar juntos.

Gracias porque al compartir nos comunicamos, intercambiamos, nos desarrollamos en nuestra adultez y fraternidad.

Gracias por el compartir.
Amén.
San Camilo: ruega por nosotros.

10

La fluidez

Padre bueno, gracias por la vida y gracias por la fluidez.

Gracias por lo que fluye entre las personas, en uno mismo: lo que se hace fácil, libre; lo que se manifiesta sin el rigorismo del perfeccionismo, lo que se expresa con naturalidad y bondad.

Gracias por el fluir en las relaciones, gracias a la escucha y la aceptación incondicional. Gracias por lo que dejamos abierto a la espontaneidad, a la integración natural de la realidad como es, dejando marchar, permitiendo discurrir, brotar, manar de nuestro corazón con autenticidad.

Gracias por lo que dejamos discurrir entre nosotros con la naturalidad de lo que rezuma bondad y sinceridad.

Gracias por el fluir del bien, del sentir, del dialogar pacíficamente.

Gracias por el buen fluir de nuestro corazón y de nuestras relaciones.
Amén.
San Camilo: ruega por nosotros.

11

Las ruedas

Padre bueno, gracias por la vida y gracias por las ruedas.

Gracias por las ruedas como facilitadoras del movimiento, del desplazamiento entre lugares. Gracias por las ruedas que permiten el arrastre y la velocidad.

Pero gracias también por la rueda de nuestra vida, el devenir de nuestra historia, la variedad de nuestras necesidades y nuestra conciencia de cómo logramos vivir de manera satisfactoria cada una de las dimensiones de nuestro ser.

Gracias por la rueda de la vida como conciencia de nuestra responsabilidad en la gestión de lo que nos sucede, en la búsqueda de la satisfacción de nuestras necesidades y del cultivo de nuestras dimensiones, con mirada holística.

Gracias por la rueda de la vida como medio simbólico que nos hace conscientes de nosotros mismos y del autocuidado.

Gracias por las ruedas.
Amén.
San Camilo: ruega por nosotros.

12

Los buenos momentos

Padre bueno, gracias por la vida y gracias por los buenos momentos.

Gracias por los momentos que vivimos en clave de bienestar, en actitud de encuentro constructivo, en equilibrio con nosotros mismos y con los demás.

Gracias por los buenos momentos de contemplación de la naturaleza, de diálogo con otras personas, de celebración festiva, de oración íntima o compartida.

Gracias por los buenos momentos de diálogo liberador, de desahogo amistoso, de serenidad de espíritu que se abre a la conciencia y responsabilidad en el devenir de la cotidianeidad.

Gracias por los buenos momentos vacacionales, de trabajo, de familia, de ocio, de lectura.

Gracias por los buenos momentos.
Amén.
San Camilo: ruega por nosotros.

13

La transparencia

Padre bueno, gracias por la vida y gracias por la transparencia.

Gracias por la ausencia de corrupción, de doblez, de degeneración y perversión del poder y de las motivaciones.

Gracias por los que no se dejan llevar por la deshonestidad, la depravación, la corruptela, sino que se mantienen honestos, sinceros, fieles, rectos, transparentes.

Gracias por la transparencia en el actuar, en el gestionar el dinero, los programas, las actividades, los recursos materiales puestos en nuestras manos.

Gracias por la transparencia lograda con la información suficiente, la comunicación leal y veraz.

Gracias por la transparencia de nuestras palabras, evocadoras de bien y bondad, nobleza y lealtad a las personas, los vínculos, los roles y las instituciones.

Gracias por la transparencia.
Amén.
San Camilo: ruega por nosotros.

14

Podemos cerrar círculos

Padre bueno, gracias por la vida y gracias porque podemos cerrar círculos.

Gracias porque vivimos abriendo historias, creando vínculos, iniciando procesos; pero gracias porque podemos cerrar saludablemente las relaciones y despedirnos y desvincularnos para vivir y morir libres.

Gracias porque podemos dejar en el pasado los capítulos sanados, las historias concluidas, las dificultades superadas, los problemas resueltos, los daños perdonados o reparados, las confusiones aclaradas, las relaciones agradecidas.

Gracias porque podemos cerrar círculos para vivir sanamente y para morir en paz, saliendo de la vida con el corazón purificado, íntegro, sanado por el perdón y el agradecimiento.

Gracias porque podemos cerrar círculos.
Amén.
San Camilo: ruega por nosotros.

15

Los encuentros
de responsables

Padre bueno, gracias por la vida y gracias por los encuentros de responsables.

Gracias por las reuniones y encuentros de personas que comparten roles de responsabilidad, de gobierno, de coordinación, de jefaturas, de profesión...

Gracias porque, al encontrarse, se abren al aprendizaje, al compartir sobre los intereses comunes, a la bondad de la relación que informa, que explora, que discierne sobre los valores que han de guiar la profesión o el rol.

Gracias por los encuentros de responsables que están habitados de motivaciones sanas, sin intereses espurios, sin cartas debajo de la mesa, sin dinámicas manipuladoras o injustas.

Gracias por los encuentros de responsables que refuerzan la identidad y la comunión y sirven para construir fraternidad y bien.

Gracias por los encuentros de los responsables.
Amén.
San Camilo: ruega por nosotros.

16

Las reuniones de las instituciones

Padre bueno, gracias por la vida y gracias por las reuniones de las instituciones.

Gracias por las reuniones de las personas que conforman una institución de las que buscan el bien, tienen carisma, identidad propia, cultura común, estilos identitarios de fraternidad.

Gracias por las reuniones bien preparadas, que proceden con respeto y naturalidad, que no dan espacio a los juegos sucios, sino que se apoyan en el diálogo respetuoso y honesto.

Gracias por las reuniones participativas, que se abren a la diferencia, en el respeto de la identidad, que piensan en el bien de todos, sobreponiendo el bien común a los intereses particulares o beneficios partidistas.

Gracias por las reuniones nobles, humanizadas y humanizadoras.

Gracias por las reuniones de las instituciones.
Amén.
San Camilo: ruega por nosotros.

17

La comunión

Padre bueno, gracias por la vida y gracias por la comunión.

Gracias por la comunión como valor de solidaridad, de fraternidad, de vinculación identitaria, de ayuda mutua y creadora de red virtuosa.

Gracias por la relación que genera unión en los valores nobles, en los caminos humanizadores, en la construcción de comunidades que aportan valor a la humanidad.

Gracias por la comunión efectiva, la que multiplica los bienes al compartirlos, la que genera ayuda mutua por vinculación corresponsable.

Gracias por la comunión que podemos tener contigo, Padre bueno, en nuestro corazón y en nuestro celebrar sacramental.

Gracias por la comunión.
Amén.
San Camilo: ruega por nosotros.

18

Las drogas medicinales

Padre bueno, gracias por la vida y gracias por las drogas medicinales.

Gracias por las drogas que hemos identificado en la naturaleza, que nos ayudan a aliviar síntomas y afrontar enfermedades y dolor.

Gracias por las drogas con las que nos relacionamos sanamente, en los marcos legales, sin traficar con ellas, sin que sean motivo de violencia y abuso, de tráfico ilegal y corrupción.

Gracias porque logramos relacionarnos sin hacernos daño, en clave de paz y de intercambio de bienes, aprovechando los recursos naturales para llevar una vida buena, una vida sana, una vida sin todo el sufrimiento evitable.

Gracias por las drogas que convertimos en medicinas, con las que no hacemos mal ni generamos desequilibrio entre las personas, las naciones, la paz universal.

Gracias por las drogas medicinales bien utilizadas.
Amén.
San Camilo: ruega por nosotros.

19

La dignidad intrínseca

Padre bueno, gracias por la vida y gracias por la dignidad intrínseca.

Gracias por la dignidad de nuestra condición humana, que nos hace a todos iguales, por encima de origen, condición, color de la piel, edad, capacidades, religión...

Gracias por la dignidad intrínseca que es la raíz del reconocimiento de los derechos humanos universales, de la igualdad de todas las personas.

Gracias por la dignidad ética, moral, la que logramos con nuestras conductas buenas, de socorro y auxilio, de cuidado y ayuda solidaria.

Gracias por la dignidad social, alcanzada en condiciones de vida suficientes para lograr una vida buena, a la altura de las necesidades y posibilidades del ser humano relacional, pensante, libre.

Gracias por la dignidad existencial, la que logramos dando un sentido a nuestro vivir, también alcanzando paz y significado en el atravesar adversidades, enfermedades, sufrimiento y morir.

Gracias por la dignidad humana.
Amén.
San Camilo: ruega por nosotros.

20

La Cruz Roja

Padre bueno, gracias por la vida y gracias por la Cruz Roja.

Gracias por este milagro de la humanidad que Henri Dunant comenzó y que se extiende por todo el mundo como red solidaria de ayuda humanitaria.

Gracias por los miles de voluntarios que honran la dignidad de las personas por encima de todo, que ven en el necesitado a un hermano al que socorrer, que salvan vidas y cuidan vidas, acompañan soledades y realizan procesos compasivos de ayuda eficaz.

Gracias por esta organización que trabaja por la igualdad, la justicia, la solidaridad, reconociendo la dignidad de toda persona, confrontando la sinrazón de la violencia, haciendo bello el cuidado que socorre y ayuda.

Gracias por los voluntarios y profesionales de Cruz Roja que sacan lo mejor de su empatía compasiva para respetar y cuidar la vida siempre, sin condiciones.

Gracias por la Cruz Roja.
Amén.
San Camilo: ruega por nosotros.

21

El Espíritu Santo

Padre bueno, gracias por la vida y gracias por el Espíritu Santo.

Con la secuencia te imploramos su envío como don en tus dones espléndido, como luz que penetra los corazones y es fuente del mayor consuelo.

Gracias por el Espíritu Santo que en la secuencia llamamos dulce huésped del alma, descanso de nuestros esfuerzos, tregua en el duro trabajo, brisa en las horas de fuego.

Gracias, Padre bueno, porque con el Espíritu nos enjugas las lágrimas y nos reconfortas en los duelos, entras hasta lo íntimo de nuestro corazón y nos enriqueces e iluminas.

Gracias porque con tu Espíritu nos llenas de sentido, nos riegas en sequía, nos alientas en el error, nos das calor y moderación, nos tuerces el sendero.

Gracias por el Espíritu que nos sostiene tras nuestro esfuerzo y que nos da sentido en los momentos más oscuros, gozo sin límite.

Gracias por el Espíritu.
Amén.
San Camilo: ruega por nosotros.

22

Podemos levantarnos

Padre bueno, gracias por la vida y gracias porque podemos levantarnos.

Gracias porque, aunque con discapacidades, podemos acoger el nuevo día, el tiempo que sigue al descanso, y erguirnos con nuestra condición para deambular o desplazarnos, para entrar en comunión y en sociedad, para salir del lecho y retornar a la relación.

Gracias porque nos podemos levantar también cuando caemos, cuando nos equivocamos, cuando hacemos el mal: podemos arrepentirnos, pedir perdón, cambiar y proponernos hacer el bien con nuestros pensamientos y nuestras conductas.

Gracias porque Tú nos levantas dándonos una dignidad infinita, retornándonos a la vida y al encuentro, promoviéndonos a unos y otros en igual dignidad, por encima de origen, género, edad, capacidades, ideologías o religiones.

Gracias porque nos permites levantarnos y dejarnos levantar por Ti y por los demás.
Amén.
San Camilo: ruega por nosotros.

23

Podemos apiadarnos

Padre bueno, gracias por la vida y gracias porque podemos apiadarnos.

Gracias porque podemos sentir misericordia y compasión y dejar que la ternura operativa nos habite para desencadenar la solidaridad.

Gracias porque podemos mirar y tratar a los demás con piedad, por la virtud que inspira amor y compasión genuina.

Gracias por la piedad que nos inspiras para promover el perdón, para dar espacio a la misericordia que hace reconstruirse tras la culpa y sanar los corazones.

Gracias por la piedad que sentimos también ante las cosas santas, admirables, nobles, que nos sirven de referencia para una vida buena y feliz, justa y solidaria.

Gracias por la piedad con la que respetamos las costumbres y los ritos, las celebraciones y actos que nos sirven para venerar y adorarte con el amor que humaniza.

Gracias por la piedad.
Amén.
San Camilo: ruega por nosotros.

24

Los ritos

Padre bueno, gracias por la vida y gracias por los ritos.

Gracias por las rutinas hechas de fórmulas, procesos, palabras, gestos y símbolos con los que celebramos individualmente y, sobre todo, comunitariamente, realidades y misterios que son importantes para la vida humana.

Gracias por los ritos de iniciación, de transición, de cierre, que nos permiten significar los tiempos, los cambios, los acontecimientos y humanizarlos comunitariamente.

Gracias por los ritos sagrados, que nos evocan lo misterioso, lo noble, la fuente de la vida y de nuestro existir, nuestro destino y nuestro fundamento más allá de nosotros mismos.

Gracias por los ritos que humanizamos respetuosamente, que conservamos creativa y personalizadamente, que celebramos dignamente.

Gracias por los ritos.
Amén.
San Camilo: ruega por nosotros.

25

Los errores

Padre bueno, gracias por la vida y gracias por los errores.

Gracias por los errores que no hemos podido evitar y que nos hacen humildes y reconocedores de nuestra limitación.

Gracias por los errores que logramos asumir, que nos promueven el cambio, que aprovechamos para corregir, para vivir integrando también la fragilidad y vulnerabilidad.

Gracias por los errores que, reconocidos, nos abren al perdón, a la disculpa, al cambio, a la restauración de las relaciones sanas y fraternas.

Gracias por los errores que nos proponemos evitar, para honrar la verdad, lo correcto, el respeto, la diferencia y el bien.

Gracias por los errores que nos humanizan.
Amén.
San Camilo: ruega por nosotros.

26

Las cordilleras

Padre bueno, gracias por la vida y gracias por las cordilleras.

Gracias por las montañas y las cadenas montañosas, que nos provocan admiración, que nos desafían a su travesía, que nos permiten contemplar la belleza de la naturaleza.

Gracias por las montañas que nos regalan el agua de la nieve que acumulan y se derrite y discurre entre nosotros por los ríos.

Gracias por las montañas que nos hablan de tu creación y de tu presencia, del encuentro contigo y de la altura como horizonte y provocación.

Gracias por las sierras, macizos y serranías que configuran formas y espacios admirables y bellos, envueltos en nubes y naturaleza.

Gracias por la geografía. Gracias por las cordilleras. Amén.
San Camilo: ruega por nosotros.

27

Los creyentes

Padre bueno, gracias por la vida y gracias por los creyentes.

Gracias por las personas que, libremente, acogen la fe en Ti, y se adhieren sanamente a la creencia, se religan a la religión, se comprometen con la compasión y la fraternidad universal, celebran y humanizan con ritos y vínculos.

Gracias por los creyentes que encuentran en su fe una fuente de humanización, un lugar donde beber en medio de la sed espiritual de sentido y trascendencia.

Gracias por la fe que de los creyentes que no se hacen fundamentalistas, sino que se mantienen abiertos al diálogo que modula y promueve el encuentro innovador.

Gracias por los creyentes que, porque creen, son mejores personas, más humanas, más amables, más humildes, más religadas unas con otras.

Gracias por los creyentes.
Amén.
San Camilo: ruega por nosotros.

28

Los ensayos

Padre bueno, gracias por la vida y gracias por los ensayos.

Gracias por los ejercicios de entrenamiento y prueba que nos preparan para la escena, para la salida al mundo, para la celebración, para la praxis.

Gracias por los entrenamientos, las pruebas, los experimentos y tanteos que hacemos para prepararnos al buen hacer, al proceder justo, al rendimiento y la presentación de las habilidades y posibilidades artísticas o profesionales, personales o comunitarias.

Gracias por los ensayos supervisados, que dan valor al desafío de mejorar, al cambio que mejora, a la supervisión que confronta y refuerza, a la alternativa de lo inédito viable.

Gracias por los ensayos que hablan de paciencia y esperanza, de esfuerzo y sacrificio confiando en la superación.

Gracias por los ensayos.
Amén.
San Camilo: ruega por nosotros.

29

Los exámenes y las pruebas

Padre bueno, gracias por la vida y gracias por los exámenes y pruebas.

Gracias por los exámenes que nos motivan para rendir cuentas del aprendizaje, para seguir procesos de evaluación que ajustan el aprender a la realidad, al conocimiento, a la belleza y al bien.

Gracias por las pruebas con las que analizamos el grado de aprendizaje, de esfuerzo, de interiorización de los contenidos de los programas educativos y de formación que humanizan.

Gracias por las tareas que asumimos para educar la mente, el saber, pero también para formar el corazón a las relaciones y al potencial de ayuda mutua.

Gracias por las evaluaciones que nos motivan y nos hacen esforzarnos para cumplir requisitos de adquisición de títulos que promueven el saber y el saber hacer. Gracias por esas pruebas que nos provocan también un nuevo saber ser que hace al mundo mejor.

Gracias por los exámenes y las pruebas.
Amén.
San Camilo: ruega por nosotros.

30

El presente

Padre bueno, gracias por la vida y gracias por el presente.

Gracias por el presente en el que todo tiene lugar y que queremos sea gozoso y apropiado, libre y cargado de sentido.

Gracias por el presente en el que manejamos los recuerdos del pasado y nos adueñamos de su poder destructivo o estimulante.

Gracias por el presente en el que proyectamos el futuro que será consecuente también de lo que hacemos y pensamos.

Gracias por el presente en el que nos podemos vincular, aliar para la fraternidad, para la humanización, para dejar un mundo mejor a las generaciones venideras, que honre lo que hemos aprendido de los errores y logros de la historia.

Gracias por el presente en el que queremos estar en atención plena, en apropiación libre y sana.

Gracias por el presente.
Amén.
San Camilo: ruega por nosotros.

31

Las prácticas clínicas

Padre bueno, gracias por la vida y gracias por las prácticas clínicas.

Gracias por todas las actividades que permiten entrenar en el mundo de la salud, ensayar y prepararse para cuidar a las personas.

Gracias por las prácticas de quienes se preparan para el diálogo liberador, para la relación de ayuda con la palabra en el encuentro.

Gracias por las prácticas que nos permiten hacernos habilidosos, aprender de quienes tienen más experiencia, repetir procedimientos a modo de ensayo.

Gracias por las prácticas a las que nos abrimos para promover la expertía y las habilidades resueltas, haciendo que las personas puedan crecer en sabiduría, buen hacer y bondad.

Gracias por las prácticas clínicas.
Amén.
San Camilo: ruega por nosotros.

32

Los mares y los ríos

Padre bueno, gracias por la vida y gracias por los mares y los ríos.

Gracias por los mares que ocupan la mayor parte de nuestro planeta, que nos dan riqueza y belleza, alimento y posibilidades de ocio y exploración.

Gracias por los mares que atravesamos, que desafían nuestras posibilidades, que superamos para encontrarnos, que respetamos para que nos den agua y alimentos.

Gracias por los mares y los ríos que conducen las aguas y nos invitan a pensar en el decurso de nuestras vidas hacia Ti, en quien nos entregaremos.

Gracias porque el cauce de nuestro vivir tiene su origen en Ti y en Ti desembocará en armonía e integración cuando Tú seas todo en todos.

Gracias por los mares y los ríos.
Amén.
San Camilo: ruega por nosotros.

33

La opinión

Padre bueno, gracias por la vida y gracias por la opinión.

Gracias por las opiniones que enriquecen, que desatan la creatividad y refuerzan la búsqueda de la verdad, que desvelan al ser humano que se interroga.

Gracias por la opinión que no se confunde con el conocimiento que nace de la experiencia y desvela la verdad.

Gracias por la opinión que no se presenta como posicionamiento dogmático, que se abre a ser abandonada y cambiada por quien conoce la realidad desde más puntos de vista, desde mayor aproximación a la realidad, desde la ciencia y la investigación, el saber y la evidencia.

Gracias por la opinión que se somete al discernimiento y se abre a la verdad.

Amén.

San Camilo: ruega por nosotros.

34

Los despegues

Padre bueno, gracias por la vida y gracias por los despegues.

Gracias porque despegamos cuando viajamos en avión, o se suspenden para garantizar la seguridad cuando es necesario.

Gracias porque podemos despegarnos de los lugares a los que nos vinculamos, con libertad y apertura a otros nuevos, con capacidad de entablar nuevos vínculos y abrirnos a nuevos encuentros y referencias.

Gracias porque podemos desapegarnos de las personas, de aquellos a los que amamos, pero tenemos que dejar en libertad y a quienes también tenemos que decir adiós en un momento de la vida.

Gracias, Padre bueno, por los apegos y desapegos, por los vínculos y las libertades, por nuestra capacidad de tomar aire cuando es debido y liberarnos de él con responsabilidad, dejando ser a cada persona, respetando cada lugar, manteniéndonos abiertos a la novedad.

Gracias por los despegues.
Amén.
San Camilo: ruega por nosotros.

35

Las cumbres altas

Padre bueno, gracias por la vida y gracias por las cumbres altas.

Gracias por las cumbres altas de las montañas, que contemplamos en su majestuosidad y en su belleza, cubiertas de nieve y habitadas de aves y animales resistentes.

Gracias por las experiencias cumbre que logramos hacer en ocasiones, experiencias de intensidad, de valor especial, de aprovechamiento particular, de conmoción y asombro ante los posibles humanos de bien y belleza.

Gracias por las experiencias cumbres que compartimos con otras personas, con las que nos regalamos la posibilidad de admirar, disfrutar, buscar lo bello y bueno, lo placentero e intenso, lo duro pero cargado de humanidad.

Gracias por las cumbres que anhelamos como desafíos, que nos proponemos como metas altas a las que alcanzar desafiando nuestras capacidades y desplegando exitosamente los valores nobles.

Gracias por las cumbres altas.
Amén.
San Camilo: ruega por nosotros.

36

Los océanos

Padre bueno, gracias por la vida y gracias por los océanos.

Gracias por los grandes océanos que nos atrevemos a atravesar, que nos retan por su grandeza y la dificultad para surcarlos y unir sus extremos para encontrarnos y superar las distancias.

Gracias por los océanos emocionales en los que también nos movemos, los que en ocasiones nos resultan oscuros, habitados de dificultades, difíciles de surcar y sobrevolar, porque cargados de vientos y tormentas.

Gracias por los océanos que experimentamos, en ocasiones, como mundos llenos de variedad, y en los que podemos sentirnos como perdidos, necesitados de brújula, de referentes personales a los que agarrarnos con confianza y esperanza.

Gracias, Padre bueno, porque, también en los grandes espacios, en los difíciles espacios en que nos movemos, podemos contar unos con otros, apoyarnos con anclas de esperanza y soporte recíproco, con la paciencia suficiente para trabajar tenazmente por el bien.

Gracias por los océanos.
Amén.
San Camilo: ruega por nosotros.

37

La reprogramación

Padre bueno, gracias por la vida y gracias por la reprogramación.

Gracias por esta capacidad que tenemos los seres humanos de reprogramar, de revisar de nuevo lo planificado introduciendo novedades en lo previsto en primera instancia.

Gracias porque podemos adaptarnos a las nuevas situaciones, emprender de nuevo los caminos, cambiando las trayectorias, con el fin de lograr nuestros propósitos.

Gracias porque podemos introducir novedades en los planes que habíamos hecho, y adaptarnos a los cambios, firmes en el propósito, tenaces en las tareas, esperanzados en los objetivos, confiados y comprometidos para alcanzar lo anhelado.

Gracias porque podemos programarnos de nuevo, en actitud de firmeza y determinación en el logro. Gracias porque apostamos porque es posible insistir, pero cambiando, reprogramando, adaptándonos.

Gracias por la posibilidad de la reprogramación.
Amén.
San Camilo: ruega por nosotros.

38

Compañeros de viaje

Padre bueno, gracias por la vida y gracias por los compañeros de viaje.

Gracias por los buenos compañeros que, en el viaje, se muestran solícitos, amables, cariñosos y suficientemente solidarios y esperanzados en las vicisitudes que comportan los viajes acompañados.

Gracias por los compañeros que saben estar y saben retirarse, que saben hablar y saben callarse, que muestran interés y dejan suficientemente en paz, que están disponibles, pero no invaden.

Gracias por los compañeros de viaje solidarios, los que no pintan todo de fatalismo y mirada pesimista, los que sacan de las experiencias motivaciones, sabiduría, respuestas a desafíos encontrados en los viajes.

Gracias por los compañeros de viaje optimistas, los que tienen la palabra oportuna en los momentos difíciles, los que miran la botella medio llena sin ingenuidad, los que contagian paciencia y se muestran generosos con sus capacidades.

Gracias por los buenos compañeros de viaje.
Amén.
San Camilo: ruega por nosotros.

39

Asociaciones y Sociedades

Padre bueno, gracias por la vida y gracias por las nuevas Asociaciones y Sociedades.

Gracias por las personas que regalan sus pasiones y sus experiencias en fecundos vínculos que crean Asociaciones o Sociedades para humanizar vinculando a las personas, organizando actividades, socializando conocimientos y saberes de tantas disciplinas.

Gracias por las personas que tienen el carisma de fundar, de crear realidades nuevas, de inventar organizaciones y medios para reforzar comunitariamente las posibilidades de vincularse en torno a valores y potencialidades humanizadoras.

Gracias por los grupos que nacen con líderes capaces de arrastrar hacia el bien, hacia nobles causas dignas de ser promovidas con pasión y profesionalidad.

Gracias por los que creen que asociarse es generar redes de bien y apuestan de manera transparente y fiel por el bien común por encima de los intereses personales y sin dinámicas de poder deshumanizadoras.

Gracias por las Asociaciones y Sociedades.
Amén.
San Camilo: ruega por nosotros.

40

Los aterrizajes

Padre bueno, gracias por la vida y gracias por los aterrizajes.

Gracias por los aterrizajes suaves, logrados, que nos hacen estar en nuestro destino sanos y salvos, sin demasiadas contingencias que generen malestar.

Gracias por los aterrizajes como dinámica de exposición de nuestros pensamientos, de nuestras convicciones, cuando logramos concretar sus implicaciones, sus bondades específicas, sus aplicaciones a la práctica, su aportación de valor.

Gracias por todas las veces que logramos aterrizar en el abordaje de los conflictos, no manteniéndonos en generalizaciones y racionalizaciones que no llevan a ningún lado o que expresan estereotipos y tópicos poco constructivos.

Gracias porque logramos aterrizar y sacar conclusiones, propuestas operativas, cursos de acción concretos y buenos, tras las necesarias argumentaciones y deliberaciones.

Gracias porque, cuando logramos discernir, somos coherentes con los compromisos asumidos y caminamos al destino saludable, aterrizando para el bien.

Gracias por los aterrizajes.
Amén.
San Camilo: ruega por nosotros.

41

El crecimiento

Padre bueno, gracias por la vida y gracias por el crecimiento.

Gracias por todo lo que crece y se desarrolla y alcanza madurez y fecundidad, equilibrio y expresión de sus múltiples potencialidades.

Gracias por lo que crece gracias al cuidado, al riego, a la poda, a la atención esmerada, al abono; pero gracias por lo que crece en el corazón gracias al ejemplo, a la motivación, al altruismo contagiado, a la paciencia constructivista.

Gracias por el crecimiento sin obsesión, el desarrollo sin megalomanía, el aumento sin injusticia, la mejora sin ostentación, la autoafirmación sin soberbia.

Gracias por el crecimiento de lo natural, de lo humano, pero también de lo tecnológico que contribuye a prevenir, a curar, a cuidar y paliar, y así permite vivir mejor, con menos sufrimiento evitable y más acompañamiento eficaz en el sufrir.

Gracias por el crecimiento.
Amén.
San Camilo: ruega por nosotros.

42

El optimismo

Padre bueno, gracias por la vida y gracias por el optimismo.

Gracias por la mirada positiva que motiva a la búsqueda y construcción del bien y la belleza.

Gracias por el optimismo que protege del malestar, del apagamiento de las emociones, de la desmotivación y desencanto.

Gracias por el optimismo no ingenuo, no engañoso, no superficial. Gracias por el optimismo que nos permite vivir con ánimo suficiente para poner sentido en la adversidad y saborear lo que tenemos y hacemos; disfrutar de los vínculos, relaciones y alianzas, aun limitadas y frágiles.

Gracias por el optimismo de las personas que, siendo profundas, miran en clave positiva y contagian bienestar a su alrededor, incluso en las situaciones más adversas.

Gracias por el optimismo.
Amén.
San Camilo: ruega por nosotros.

43

Los buenos modales

Padre bueno, gracias por la vida y gracias por los buenos modales.

Gracias por las formas de hacer y decir las cosas que logran bienestar y eficacia, aunque se trate de compartir malas noticias o transmitir información frustrante.

Gracias por los buenos modales que hablan de ternura, sencillez, comunicación veraz y motivación entrañable, respetuosa de las personas.

Gracias por los buenos modales que son propios de la persona asertiva, que tiene su identidad y su carácter, pero que sabe gestionar con humildad sus habilidades, su poder y su atención.

Gracias por los buenos modales compasivos y solidarios, que prestan servicios y hacen relaciones de ayuda eficaces con la ternura de quien controla su impulsividad y neutraliza las malas reacciones.

Gracias por los buenos modales.
Amén.
San Camilo: ruega por nosotros.

44

El agradecimiento espontáneo

Padre bueno, gracias por la vida y gracias por la gracia.

Gracias por lo que es regalado graciosamente, por lo que provoca agradecimiento espontáneo.

Gracias por la dimensión del agradecimiento que logramos en nuestra vida, reconociendo lo que es gratis, valorando lo que es gracia, lo que no es recompensa por el esfuerzo, sino regalo sin necesaria motivación.

Gracias por el agradecimiento que nace del corazón que ve, del corazón que oye, del corazón sabio, que saborea lo que nos llega sin precio, sin merecimiento, sin esfuerzo, sin ganancia.

Gracias por la capacidad que tenemos de poner palabras de agradecimiento a lo que recibimos, a lo existente, a lo que está ante nuestra vida como disponible, accesible, y que podemos tomar, usar, contemplar, respetar, nombrar expresando nuestro dinamismo positivo de aprecio.

Gracias por el agradecimiento y lo que nos lo provoca. Amén.

San Camilo: ruega por nosotros.

45

Las salidas

Padre bueno, gracias por la vida y gracias por las salidas.

Gracias por las salidas como espacios para abandonar el interior, caminos para dejar el lugar donde estamos, acceder al aire libre, al exterior, afuera.

Gracias porque necesitamos salidas también para abandonar líos, situaciones difíciles, trampas, problemas, vínculos tóxicos, situaciones creadas por errores nuestros o de los demás.

Gracias porque creemos en las salidas, buscamos salidas positivas, confiamos en que todo tiene una salida exitosa, buena, que mejora la situación actual, porque sabemos por experiencia que siempre ha amanecido, siempre hay una salida.

Gracias por la esperanza en encontrar una salida, también cuando no vemos porque todo está oscuro y tememos la falta de luz.

Gracias por las salidas.
Amén.
San Camilo: ruega por nosotros.

46

La arquitectura
de montaña

Padre bueno, gracias por la vida y gracias por la arquitectura de montaña.

Gracias por las construcciones de montaña que logran armonía en su contexto, que añaden belleza en los parajes hermosos, en los bosques, en los valles, junto a los ríos, entre la vegetación...

Gracias por la arquitectura artística que engalana los caminos en las montañas, que convertimos en posadas, lugares de encuentro y restauración, de ocio y hospitalidad restaurativa.

Gracias por la arquitectura de montaña hecha con gusto, con colores y formas que dan belleza y aire hogareño a los lugares poco frecuentados o poco habitables, pero bellos para visitar, descansar, hacer ocio, contemplar.

Gracias por la arquitectura de montaña que se convierte en metáfora para nuestra vida, que también necesita descanso, belleza, contemplación, encuentro, arte.

Gracias por la arquitectura de montaña.
Amén.
San Camilo: ruega por nosotros.

47

Los asientos reclinables

Padre bueno, gracias por la vida y gracias por los asientos reclinables.

Gracias por los asientos que nos dan confort y comodidad cuando queremos descansar, sentirnos en casa con comodidad y familiaridad.

Gracias porque podemos acomodarnos como forma de confianza con las personas con las que vivimos y con las que compartimos tiempo. Gracias porque queremos que nuestras palabras, nuestras maneras, nuestros modos de estar, sean confortables, reclinables, humildes, favorecedoras del diálogo y la conversación constructiva, libre de presiones, libre de adicciones.

Gracias por las veces que sabemos estar generando confort en las personas que tenemos alrededor, inspirando comodidad emocional, libertad de expresión, bondad en las intenciones, suavidad en las contrariedades y en las confrontaciones.

Gracias por el confort como logro valórico, de respeto y relación serena y respetuosa para con uno mismo y con los demás.

Gracias por las posturas de confort.
Amén.
San Camilo: ruega por nosotros.

48

La rehabilitación

Padre bueno, gracias por la vida y gracias por la rehabilitación.

Gracias por la rehabilitación física que promovemos en las necesidades de recuperación de nuestro cuerpo y sus partes.

Gracias por la rehabilitación hecha con respeto y consideración para con todas las partes que dan armonía a nuestra corporeidad.

Gracias por la rehabilitación de las relaciones cuando se logra el perdón y la reconciliación, reiniciando nuevos vínculos sanados por las actitudes reparadoras.

Gracias por la rehabilitación de los equipos que inician nuevas andaduras tras los conflictos o las nuevas configuraciones de sus miembros e instancias de gobierno.

Gracias por la rehabilitación de los edificios que recuperamos en su resplandor, en su solidez y funcionalidad, en su belleza artística y originalidad.

Gracias por la rehabilitación que habla de valores del pasado y de perdurabilidad y honra a la integridad y buen funcionamiento.

Gracias por la rehabilitación.
Amén.
San Camilo: ruega por nosotros.

Los cargadores

Padre bueno, gracias por la vida y gracias por los cargadores.

Gracias por los dispositivos que nos permiten recargar energía, almacenar energía, para poder movernos y realizar actividades con el potencial almacenado.

Gracias por las personas que son para nosotros energéticas, que nos llenan de motivación y potencial para continuar, para mantenernos activos con nuestros compromisos y responsabilidades.

Gracias por la energía que nos da el descanso, la contemplación, la oración, los buenos hábitos culturales, que nos disponen después a las actividades productivas y fecundas con las que intentamos construir un mundo mejor.

Gracias por los grupos que son energéticos para nosotros, porque la participación en ellos nos refuerza dándonos la vitalidad necesaria para enfrentar con esfuerzo los desafíos que nos proponemos o se nos presentan.

Gracias por las posibilidades de recargarnos que nos dan las oportunidades culturales y de ocio, como expresión de admiración al arte, la belleza y el autocuidado.

Gracias por los cargadores.
Amén.
San Camilo: ruega por nosotros.

50

Los sentimientos
de bienestar

Padre bueno, gracias por la vida y gracias por los sentimientos de bienestar.

Gracias por la alegría, la paz, la serenidad, la felicidad, la tranquilidad, el buen humor...

Gracias por los modos íntimos como vibramos ante lo que nos pasa por dentro y los estímulos que nos vienen de fuera, con connotación de bienestar y felicidad.

Gracias porque los sentimientos positivos los podemos transformar en energía para cultivar las motivaciones altruistas y solidarias, la salida de nosotros hacia los demás en clave relacional y compasiva.

Pero gracias también por los sentimientos que tienen sabor de displacer como la tristeza, el abajamiento emocional, la ansiedad, el miedo, la rabia, la amargura, la culpa... Gracias porque, encauzados y aprovechados, pueden convertirse también en motores para una vida buena, constructora de profundidad, de vinculación sólida, de respeto para con nosotros y con los demás.

Gracias por nuestra rica vida emocional.
Amén.
San Camilo: ruega por nosotros.

51

Volamos

Padre bueno, gracias por la vida y gracias porque volamos.

Gracias porque podemos despegarnos de la tierra y desplazarnos por el aire, con ayudas técnicas, para surcar los vientos y alcanzar altura y viajar.

Gracias porque, al volar, nos comunicamos con personas lejanas, con culturas distintas, con realidades a cuyo conocimiento nos abrimos y aprendemos cómo construir un mundo mejor.

Pero gracias también porque podemos sobrevolar sobre lo inmediato, mirar en perspectiva, despegarnos de la mirada baja y próxima que nos da solo una parte de la realidad.

Gracias porque podemos mirar desde lo alto, conocer con proyección, considerar el contexto, las relaciones, las distancias, las posibilidades de conexión entre unas cosas y otras.

Gracias porque, al sobrevolar las realidades, nos situamos responsablemente ante las diferentes perspectivas, enriqueciendo nuestra experiencia.

Gracias porque volamos.
Amén.
San Camilo: ruega por nosotros.

52

La prevención

Padre bueno, gracias por la vida y gracias por la prevención.

Gracias por todas las medidas que somos capaces de activar para evitar las enfermedades y los accidentes. Gracias por todos los medios que podemos poner en acto para disminuir la vulnerabilidad cuando estamos enfermos. Gracias por todo lo que podemos protegernos del empeoramiento, traumas, accidentes y muerte, gracias a las medidas de protección y de evitación del daño.

Gracias porque pudiendo prevenir, ahorramos malestares, enfermedades, accidentes y sufrimiento, y promovemos una vida alineada con los valores del cuidado de nuestra vida y de la vida de los demás.

Gracias por la prevención responsable de los individuos y de las organizaciones, de los responsables de las empresas y de los Estados, de los padres, educadores y profesionales, de los investigadores y diseñadores de tecnología.

Gracias por los que gestionan recursos humanos y promueven formación en clave de protección y defensa de la vida respetada y cuidada.

Gracias por la prevención.
Amén.
San Camilo: ruega por nosotros.

53

Las conexiones

Padre bueno, gracias por la vida y gracias por las conexiones.

Gracias por las conexiones que realizamos con la tecnología, para mantenernos relacionados, vinculados, apoyados, informados.

Gracias por las conexiones con las que nos permiten enlazar unos destinos con otros, apoyándonos en varios medios de comunicación para lograr nuestros destinos.

Pero gracias, sobre todo, por las conexiones que logramos entablar entre las personas, haciéndonos unos para otros, fuente de bien, y construyendo relaciones de ayuda significativas, de acompañamiento y amor.

Gracias por las conexiones que logramos con nosotros mismos, mediante la introspección, la meditación, la relajación y otros medios.

Gracias porque logramos vivir conectados contigo, Padre bueno, mediante la humilde oración con la palabra y la escucha, las celebraciones y los ritos, la contemplación y la vida sacramental que enriquece nuestro corazón.

Gracias por las conexiones.
Amén.
San Camilo: ruega por nosotros.

54

Los hospitales
que se renuevan

Padre bueno, gracias por la vida y gracias por los hospitales que se renuevan.

Gracias por los hospitales que se ponen al día en sus tecnologías, en sus estructuras, haciendo más humana su hospitalidad, eliminando las barreras arquitectónicas, indicando las direcciones de manera accesible y sencilla, logrando confort para pacientes, familiares, trabajadores, voluntarios, proveedores, visitantes...

Gracias por los hospitales que, al renovarse, lo hacen con calor humano, con propósito logrado de ser amigables, acogedores, accesibles, confortables para todos los que nos damos cita en ellos.

Gracias por todas las personas que investigan sobre la humanización de los hospitales, logrando introducir elementos estructurales que hacen amigable la estancia y el trabajo en los hospitales, iluminados, silenciosos, accesibles, refrigerados, conectados, pensados en sus protagonistas.

Gracias por los hospitales humanizados.
Amén.
San Camilo: ruega por nosotros.

55

Las ganas de superación

Padre bueno, gracias por la vida y gracias por las ganas de superación.

Gracias por las ganas que nos regalas de superarnos, de crecer, de mejorarnos, de afrontar la adversidad y los problemas.

Gracias por el espíritu de superación que experimentamos con nosotros mismos y el espíritu competitivo sanamente integrado que nos lleva a mejorar, a buscar el bien y lo bueno, logrando nuevas y mejores metas.

Gracias por la superación como abordaje exitoso de la adversidad, de las barreras, de la desmotivación, de las enfermedades, de los duelos.

Gracias por la superación que logramos con empeño y sacrificio, con espíritu de tenacidad y resistencia, con emprendimiento y perseverancia, con paciencia y persistencia.

Gracias por la superación que conseguimos gracias a dar lugar, en nosotros, a la esperanza comprometida, a la confianza activa y al compromiso por seguir adelante.

Gracias por el espíritu de superación.
Amén.
San Camilo: ruega por nosotros.

56

El entrenamiento

Padre bueno, gracias por la vida y gracias por el entrenamiento.

Gracias por la posibilidad que tenemos de hacer experiencia de rodaje, de entrenamiento, de prueba, de supervisión y aprendizaje mediante las prácticas.

Gracias por el rodaje al que sometemos a los instrumentos, como experimento de calidad y buen funcionamiento, de entrenamiento y puesta a prueba y a punto.

Gracias por todas las experiencias que hacemos las personas para probar, aprender, dejarnos supervisar y tutorizar, ensayando nuestros potenciales y verificando el buen funcionamiento de los procesos y su eficacia y calidad.

Gracias por el entrenamiento en habilidades de relación, de comunicación, de ayuda a otros. Gracias porque, con tutores y supervisores experimentados, sacamos lo mejor de nosotros mismos y adquirimos habilidad y expertía suficiente para dar resultados seguros y de calidad.

Gracias por el entrenamiento.
Amén.
San Camilo: ruega por nosotros.

57

Los convenios

Padre bueno, gracias por la vida y gracias por los convenios.

Gracias por los convenios entre instituciones, por los acuerdos entre personas, por los pactos y expresión de voluntades firmadas por varias partes para comprometerse en objetivos comunes.

Gracias por las instituciones que respetan su identidad, pero unen sus propósitos a los de otros, firmando convenios para la colaboración y multiplicando así sus posibilidades de logro, aumentando su impacto sobre las personas y mejorando los resultados que ayudan a construir un mundo mejor.

Gracias por los convenios cumplidos, respetados, justos. Gracias por los compromisos entre las personas que se refuerzan por sumar, por ahorrar energías, por el bien del interés común, por el buen entendimiento y aprovechamiento de los recursos de cada parte.

Gracias porque podemos entendernos sin competir, trabajar juntos en alianzas por el bien.

Gracias por los convenios.
Amén.
San Camilo: ruega por nosotros.

58

Los espacios
para el cuidado

Padre bueno, gracias por la vida y gracias por los espacios para el cuidado.

Gracias por los espacios que generamos para el cuidado en la familia y también en las instituciones, como residencias para niños, personas empobrecidas, personas con discapacidad, mayores dependientes, enfermos mentales...

Gracias porque nos regalas la voluntad de querer humanizar las relaciones en los grupos, entre los jefes y los cuidadores, de modo que los espacios sean oasis de confort relacional, nidos de compasión entrañable para la atención a las necesidades de los más frágiles, vulnerables y débiles.

Gracias porque las personas frágiles nos enseñan con su dejarse cuidar, nos humanizan con su humildad, nos reclaman bondad con su mirada, nos hacen bien con sus capacidades diferentes, encarnan valores de actitud que nos retan.

Gracias por los oasis de cuidado que deseamos mantener como instituciones referentes, reclamos de humanidad, propuestas de bien con solidez en el tiempo y siempre sagradamente respetuosos de la igual dignidad de todas las personas.

Gracias por los espacios de cuidado.
Amén.
San Camilo: ruega por nosotros.

59

Los líderes humanizados

Padre bueno, gracias por la vida y gracias por los líderes humanizados.

Gracias por los líderes que inspiran, que arrastran, que innovan y, con su coherencia, proveen a otros de motivación y firmeza transparente en la búsqueda del bien.

Gracias por los líderes jirafa, los líderes con los pies en tierra, los líderes con gran corazón, los líderes que parten pronto para defender y proteger la vida, los líderes que tienen la mirada alta para comprender el contexto y cuidar la vida ante las diferentes amenazas.

Gracias por los líderes que, con gran corazón, procuran la solidaridad entre los diferentes, tienen mirada amable a las personas y respetan la identidad de cada uno. Gracias por los líderes que mandan lo justo, confrontan de manera oportuna, pero, sobre todo, respetan y motivan con coherencia y manos limpias, con transparencia y honestidad, siempre con buenos modos.

Gracias por los líderes humanizados.
Amén.
San Camilo: ruega por nosotros.

60

Las personas
con capacidades diferentes

Padre bueno, gracias por la vida y gracias por las personas con capacidades diferentes.

Gracias por las personas que se presentan con discapacidades en su cuerpo o en sus capacidades comunicativas o mentales. Gracias por ellas, porque, con sus límites visibles, nos reclaman cuidado y atención, pero con sus cualidades diferentes, nos ayudan a construir un mundo más humano.

Gracias por las personas con discapacidades que, con frecuencia, son ejemplo en la encarnación de los valores, en la vivencia de lo esencial, en el crear vínculos entrañables centrados en la búsqueda del bien y la ayuda recíproca.

Gracias por las personas con discapacidad que, dejándose cuidar, nos revelan nuestra condición de interdependientes, nuestra condición de discapacitados todos, de limitados todos, de necesitados todos de la ayuda mutua.

Gracias por las personas con discapacidad que ennoblecen la vida con la humildad de quien no oculta necesitar de los demás para la vida diaria, en diferentes dimensiones de nuestra condición humana.

Gracias por las personas con capacidades diferentes. Amén.
San Camilo: ruega por nosotros.

61

Los santos
de la hospitalidad

Padre bueno, gracias por la vida y gracias por los santos de la hospitalidad.

Gracias por los santos que han encarnado la belleza del cuidar, la densidad del acto de acogida, la naturaleza entrañable y compasiva del ser humano.

Gracias por san Camilo, san Juan de Dios, santa Josefina Vannini, san Vicente de Paúl... y tantos otros que lograron arrastrar gente en su tiempo, contagiando la bondad de cuidar con las manos y con el corazón.

Gracias por todos los referentes de hospitalidad que nos han dejado un patrimonio moral de atención humanizada, de respeto de la dignidad, de acompañamiento profesional y lleno de ternura para con los enfermos, más aún para los enfermos al final de la vida, para con los niños enfermos, para con los enfermos mentales, para las personas con discapacidad.

Gracias por los santos que han hecho del cuidar no solo una forma ética de conducta compasiva, sino una forma bella de vivir, transformando los actos de cuidar en hermosos, haciendo de los lugares de cuidado, jardines de bellas flores de humanidad y ternura genuina.

Gracias por los santos de la hospitalidad.
Amén.
San Camilo: ruega por nosotros.

62

La delicadeza

Padre bueno, gracias por la vida y gracias por la delicadeza.

Gracias por el valor de la delicadeza, la sutilidad en el trato, el esmero en las buenas formas, la suavidad en el uso de las palabras, la ternura hecha gestos entrañables de cuidado y respeto.

Gracias por las personas ejemplares en delicadeza, las que hacen lo difícil fácil, lo escabroso llano, lo tenso relajado, lo duro accesible con facilidad. Gracias por las personas que logran transformarlo todo y ablandarlo todo, sometiéndolo todo al criterio de la humanización, del respeto y del cuidado.

Gracias por la delicadeza y su atractivo, por la delicadeza de los pensamientos, la delicadeza de las palabras, la delicadeza de los gestos, que crean espacios de protección, de seguridad, de comodidad humana porque albergan entrañablemente lo humano.

Gracias por la delicadeza de las formas, la no brusquedad en las maneras, la amabilidad en las relaciones, la bondad siempre compatible con el desacuerdo y la afirmación de lo diferente.

Gracias por la delicadeza en el cuidado de uno mismo, de los demás, de las cosas, de la casa común.

Gracias por la delicadeza.
Amén.
San Camilo: ruega por nosotros.

63

Los corazones sanos

Padre bueno, gracias por la vida y gracias por los corazones sanos.

Gracias por los corazones nobles, heridos pero recompuestos, tocados pero restaurados.

Gracias por los corazones de las personas que han logrado vendar sus heridas, que han aprendido de sus traumas, que no siembran rencor y mal aire por los daños recibidos o los recuerdos de los daños hechos. Gracias por los corazones zurcidos con el hilo de la ternura.

Gracias por los corazones expertos en humanidad, los corazones que tienen oídos y comprenden el sufrir ajeno, los corazones que tienen ojos y ven la intimidad de los demás con respeto y asombro, los corazones que pueden moldearse y se acomodan tiernamente en el encuentro con los demás.

Gracias por los corazones grandes, donde siempre caben nuevos nombres, donde siempre hay sitio para acoger al que sufre, para reforzar al débil, para amar en actitud de servicio, para vincularse sin posesión.

Gracias por los corazones humanos, heridos pero sanados y sanadores.
Amén.
San Camilo: ruega por nosotros.

64

La familia carismática camiliana

Padre bueno, gracias por la vida y gracias por la familia carismática camiliana.

Gracias por los hombres y mujeres que se inspiran en san Camilo, patrono de enfermos, enfermeros y hospitales, junto con san Juan de Dios.

Gracias por los camilos, las hijas de san Camilo, las ministras de los enfermos, los grupos de religiosos y religiosas y laicos que evocan a san Camilo como referente de ternura y misericordia para con los enfermos. Gracias por todos los que se inspiran en san Camilo como ejemplo de profesionalidad y compasión, de cuidado amoroso a los enfermos al final de la vida.

Deseamos salud para toda la familia carismática camiliana, así como fidelidad al compromiso de seguir a Jesús con la belleza encarnada por Camilo en el carisma de la misericordia para con los enfermos y sus familias.

Que san Camilo siga siendo referente y mueva corazones al cuidado humanizado.

Amén.
San Camilo: ruega por nosotros.

65

Los camilos

Padre bueno, gracias por la vida y gracias por los camilos.

Gracias por los religiosos camilos de todo el mundo, que celebran a su fundador, Camilo de Lellis, que en el siglo XVI hizo una reforma humanizadora en el campo del cuidado a los enfermos, llegando hoy a los cinco continentes.

Gracias por los camilos que cuidan como religiosos hermanos, haciendo servicios enfermeros, médicos, de gestión, enseñando en universidades, acompañando en Centros de Escucha...

Gracias por los camilos que son presbíteros, que viven apasionados por la salud que se celebra sacramentalmente, la celebración de la fe en la liturgia, el cuidado a los enfermos y la animación de la pastoral de la salud.

Gracias por los padres y hermanos camilos que, iguales en dignidad, viven la vocación camiliana con el corazón centrado en el mundo del sufrimiento y de la salud, y son seguidores de Jesús terapeuta, con el ejemplo inigualable de Camilo de Lellis.

Gracias por los camilos.
Amén.
San Camilo: ruega por nosotros.

66

El buen corazón

Padre bueno, gracias por la vida y gracias por el buen corazón.

Gracias por el corazón en el que guardamos los mejores tesoros, el corazón que es íntegro, que está lleno de nombres grabados con punta de diamante.

Gracias por el corazón que tiene descubiertas sus intenciones, el corazón correctamente escrutado, habitado de designios, de potencialidad de conocimiento.

Gracias por el corazón alegre, feliz, exultante, que está de fiesta, que puede ser nuevo y de carne, en la que se puede escribir.

Gracias por el corazón apacible que es salud para el cuerpo, el corazón que podemos confiar a otros, abriéndose a acoger el consuelo, con humildad.

Gracias por el corazón que es buen consejero, que puede honrar a los padres, que puede estar habitado de las leyes que nos hacen felices y que han sido escritas por el espíritu.

Gracias por el buen corazón.
Amén.
San Camilo: ruega por nosotros.

67

El miedo

Padre bueno, gracias por la vida y gracias por el miedo.

Gracias por el miedo que nos protege, como reacción ante los peligros, ante las adversidades que cuestionan nuestra seguridad e integridad.

Gracias por el miedo que somos capaces de reconocer, de aprovechar, de integrar en nuestras dinámicas, aprovechando su energía para hacernos prudentes, confiados y comprometidos con lo que genera bien, con lo que inspira caminos de cuidado y autocuidado.

Gracias por el miedo que aprovechamos para emprender los desafíos con coraje y tenacidad, para dar respuestas protectoras y preventivas.

Gracias por el miedo que miramos a los ojos para no negar, para no exponernos irresponsablemente a los peligros.

Gracias por el miedo que nos defiende y manejamos. Amén.
San Camilo: ruega por nosotros.

68

Los hijos

Padre bueno, gracias por la vida y gracias por los hijos.

Gracias por los hijos de los padres que han hecho fecunda su vida de pareja y son cuidados, acompañados en su desarrollo y crecimiento, educados, dejados en su posibilidad de ser ellos mismos.

Gracias por los hijos agradecidos, respetuosos, cuidadores, reconocedores de la vida recibida de Ti, a través de sus padres.

Gracias por los hijos que combinan libertad con responsabilidad, identidad con pertenencia, diferencia con aceptación de patrimonio valórico mediante la educación de los padres.

Gracias por los hijos que salen al paso del cuidado de sus padres en la enfermedad, en la vejez, en el morir.

Gracias por los hijos que logran entenderse fraternamente, mediante el diálogo y el acuerdo suficiente para construir un mundo bueno.

Gracias por los hijos.
Amén.
San Camilo: ruega por nosotros.

69

Los ideales

Padre bueno, gracias por la vida y gracias por los ideales.

Gracias por los ideales que nos motivan, que abrazamos como utopías estimulantes, por los que nos comprometemos y trabajamos para contribuir a que se hagan realidades que honran valores, que humanizan y hacen bien.

Gracias por los ideales que, al habitarnos, nos hacen desear un mundo mejor, definir escenarios más justos y humanizados, relaciones de más calidad, ambientes más amables y entrañables.

Gracias por los ideales que logramos compartir, que hablan de civilización y humanidad lograda, de desarrollo y equilibrio, de humanidad y belleza, de amor y fraternidad.

Gracias por los ideales que nos mueven con realismo y esperanza.
Amén.
San Camilo: ruega por nosotros.

70

La actitud compasiva

Padre bueno, gracias por la vida y gracias por la actitud compasiva.

Gracias por la actitud de solicitud ante las personas frágiles y necesitadas de atención, de cuidado, de ayuda.

Gracias por la actitud que es expresión de que reconocemos la dignidad del otro, nos damos cuenta de su vulnerabilidad y fragilidad, sentimos deseo de ayuda y nos movemos solidariamente para aliviar su necesidad.

Gracias por la compasión que se expresa a favor de la vida, del alivio del sufrimiento, de la integración social y de las relaciones significativas.

Gracias por la compasión que no se hace solidaria de la muerte, sino de la protección de la vida frágil pero aliviada, paliada, cuidada, acompañada incondicionalmente, como bien social y no solo individual.

Gracias por la actitud compasiva.
Amén.
San Camilo: ruega por nosotros.

71

Las pequeñas esperanzas

Padre bueno, gracias por la vida y gracias por las pequeñas esperanzas.

Gracias por las pequeñas esperanzas de cada día, que nos habitan en el corazón, que nos hacen cultivar el deseo y la confianza cotidiana, anhelando aquello que nos mejora, que nos dibuja una realidad mejor.

Gracias por las pequeñas esperanzas que nos dinamizan la acción y el compromiso, que nos dan coraje y tenacidad para empeñarnos en los logros, que nos procuran confianza en encontrar agarradero y nos consuelan.

Gracias por las pequeñas esperanzas de bien, hechas de visión y proyección de las virtudes comprometidas por mejorar, por vivir relaciones constructivas y de confianza mutua; de ayuda y socorro recíproco.

Gracias por las pequeñas esperanzas.
Amén.
San Camilo: ruega por nosotros.

72

Lo que es bello

Padre bueno, gracias por la vida y gracias por lo que es bello.

Gracias por lo que, por sus formas, sus evocaciones, su armonía, su poder de sorprender y provocar asombro, nos resulta bello.

Gracias por lo bello que podemos lograr con los colores, los sonidos, los elementos que juntamos estéticamente.

Pero gracias también por las palabras bellas, los gestos bellos, los que son expresión de la delicadeza y ternura, del buen trato y de las buenas maneras. Gracias por las palabras que logran estética, que envuelven y seducen, que atraen y motivan al bien, al bienestar, a los valores.

Gracias por el reconocimiento que hacemos de las palabras de los discursos, cuando acogemos mensajes estimulantes, resultados de estudios, reconocimientos adecuados a personas, hechos, acontecimientos.

Gracias por lo bello del ser humano, por su dignidad cuidada y engalanada para honrar también a Ti, creador.

Gracias por lo que es bello.
Amén.
San Camilo: ruega por nosotros.

73

La humildad

Padre bueno, gracias por la vida y gracias por la humildad.

Gracias por la humildad de los sencillos, la humildad de quien no se engríe ni es arrogante, la humildad de quien se acerca y hace, de las relaciones, puentes horizontales que favorecen la comunicación humanizada.

Gracias por la humildad de las personas que tienen muchos valores, mucha sabiduría, muchos potenciales, pero se muestran accesibles, próximos, interesados por servir, por construir lo que ennoblece la sencillez, alineada con nuestra condición frágil y solidaria.

Gracias por los que logran dosis de humildad que no empobrecen su persona, sino que la hacen más rica, más colaborativa, más aportadora de la propia identidad y riqueza.

Gracias por la humildad.
Amén.
San Camilo: ruega por nosotros.

74

La cercanía

Padre bueno, gracias por la vida y gracias por la cercanía.

Gracias por la cercanía física, la cercanía que combina saber estar y ausentarse, generar relación y distancia suficiente.

Gracias por la cercanía como expresión de conexión humana hecha de relación, interés y presencia comunicativa.

Gracias por la cercanía que no se logra solo con los medios digitales, sino que pone en valor el movimiento que se hace presencia corporal, aprecio del contacto, bondad del cuerpo que se expresa en su proximidad de manera respetuosa, bella, relacional.

Gracias por la cercanía justa, la equilibrada, la que sabe mantener las adecuadas distancias, la que respeta el espacio de intimidad necesario, la que no se hace pesada ni invasiva.

Gracias por la cercanía física.
Amén.
San Camilo: ruega por nosotros.

75

El azúcar

Padre bueno, gracias por la vida y gracias por el azúcar.

Nos hace experimentar el sabor dulce cuando la mezclamos obteniéndola de caña, remolacha u otros vegetales. Y disfrutamos del sabor que nos proporciona bienestar.

Queremos también nosotros ser dulces, suaves, amables en nuestras relaciones, hacer disfrutar con ellas, porque les demos un buen sabor agradable y estimulante.

Deseamos que nuestra vida tenga suficiente sabor placentero, que la amargura, la acidez, lo soso, no ocupen gran parte de nuestra experiencia, en particular porque seamos unos para otros motivos de bienestar y de buenos sabores relacionales, no generando sinsabores por conflictos evitables.

Gracias por el azúcar y las relaciones dulces.
Amén.
San Camilo: ruega por nosotros.

76

La envidia

Padre bueno, gracias por la vida y gracias por la envidia.

Gracias por la envidia cuando es solo motor de emulación de conductas que nos permiten desarrollar nuestras potencialidades desde una sana autoestima. Gracias por la capacidad que tenemos de ser nosotros mismos, desde nuestros valores y cualidades.

No deseamos que la envidia nos corroa como la carcoma. No deseamos ver mal a los demás por problemas de autoestima. No queremos el mal de quienes tienen cualidades que nos provocan admiración. No queremos que la envida nos separe diabólicamente y destruya las relaciones de proximidad o digitalizadas.

Gracias por el potencial que cada uno tenemos para ser la mejor versión de nosotros mismos, cultivando relaciones sanas y aprovechando los bienes de cada uno.

Gracias por la envidia como emulación.
Amén.
San Camilo: ruega por nosotros.

77

Las vacaciones en familia

Padre bueno, gracias por la vida y gracias por las vacaciones en familia.

Gracias por la posibilidad que tenemos de reencontrarnos en familia, unidos por los vínculos de sangre, conviviendo mientras desconectamos del mundo laboral.

Deseamos cultivar sanos recuerdos, cuidar el presente desde un pasado aceptado y sanado, mostrarnos solidarios e interesados por la vida de los demás.

Gracias por reencontrarnos los que no vivimos juntos, compartiendo tiempo de interés cultural, de descanso saludable, de narrativa de historias e intereses personales.

Gracias, Padre bueno, porque podemos dedicar algunos días al descanso familiar y reconocernos en nuestras raíces y en nuestra historia común.

Gracias por las vacaciones en familia.
Amén.
San Camilo: ruega por nosotros.

78

Las personas que organizan

Padre bueno, gracias por la vida y gracias por las personas que organizan.

Gracias por las personas que se encargan de anticiparse a los eventos, a los encuentros, a los acontecimientos, a las cosas programadas; y dedican tiempo a organizar, a planificar, a poner de acuerdo, a distribuir tareas, a preparar los lugares y los medios necesarios.

Gracias por las personas que organizan y, al hacerlo, buscan el bienestar de los demás, el mejor modo de promover la cultura, la fiesta, el trabajo, los encuentros entre personas para la buena vida: la vida relacionada, cuidada, solidaria y gozosa.

Gracias por los que, al organizar, piensan en todos, en los de primera y última fila, en los que reciben servicios y los que los prestan, en los que organizan y los que respetan.

Gracias por los que organizan.
Amén.
San Camilo: ruega por nosotros.

79

Las heridas

Padre bueno, gracias por la vida y gracias por las heridas.

Gracias por las heridas que logramos curar, las heridas que conseguimos transformar en cicatrices fecundas, en motivaciones de compasión para con otros.

Gracias por las heridas ante las que no hemos sucumbido, las heridas que convertimos en motivos por los que hacernos solidarios y ayudarnos recíprocamente.

Gracias por las heridas que son memoria del daño que el ser humano puede hacer, y que nos recuerdan lo que siempre podemos evitar, prevenir, creando espacios de paz y de seguridad, de confianza y protección.

Gracias por las heridas curadas y las que curan.
Amén.
San Camilo: ruega por nosotros.

80

Los invitados

Padre bueno, gracias por la vida y gracias por los invitados.

Gracias por los invitados a la mesa, por los invitados a la fiesta, por los invitados al hospedaje, por los que acuden al encuentro celebrativo.

Gracias porque, sin invitados no hay fiesta, solo hay lo ordinario. Gracias por los invitados que son elegantes, que con su conducta honran lo celebrado, que con su moderación logran los efectos saludables de la celebración.

Gracias por los invitados que no se emborrachan, los que no añaden conflictos a las relaciones, los que no son inoportunos y descarados, los que ponen tono alegre con su ser, sus palabras y sus conductas.

Gracias por los invitados que da gusto invitar, los que engalanan y embellecen la vida y refuerzan al aire gozoso que da alegría.

Gracias por los invitados.
Amén.
San Camilo: ruega por nosotros.

81

Las lágrimas derramadas

Padre bueno, gracias por la vida y gracias por las lágrimas derramadas.

Gracias por las lágrimas que hablan de emoción, de experiencia de conexión, de intensidad de vibración emocional solidaria con lo que se dice o lo que se presencia.

Gracias por las lágrimas que expresan alegría inmensa, sonrisa transformada en carcajada que visualiza la alegría jocosa y abundante.

Gracias por las lágrimas de la tristeza, las que nos muestran vulnerables, las que hablan de nuestra blandura, las del corazón dolido por los vínculos dañados o rotos, por la tristeza que expresa nuestras frustraciones y sufrimientos.

Gracias por las lágrimas que nos hacen humildes y humanos, que nos muestran necesitados de consuelo y compañía. Gracias por las lágrimas que nos liberan.

Gracias por las lágrimas derramadas.
Amén.
San Camilo: ruega por nosotros.

82

La suavidad

Padre bueno, gracias por la vida y gracias por la suavidad.

Gracias por la suavidad de las cosas, por lo que es liso y blando al tacto, sin tosquedad ni aspereza.

Gracias por la suavidad de las palabras amables, dichas con buena intención, las que consuelan y sostienen, las que transmiten empatía y compasión, las que envuelven en la amable presencia.

Gracias por la suavidad de las manos con las que saludamos, acariciamos, bendecimos, cuidamos, ayudamos en las actividades de la vida diaria.

Gracias por la suavidad agradable que muestra la liberación de toda forma de aspereza relacional innecesaria, brusca y deshumanizadora.

Gracias por la suavidad de las personas que son un regalo con todo su ser, y cuya presencia es ternura hecha servicio.

Gracias por la suavidad.
Amén.
San Camilo: ruega por nosotros.

83

La muerte deseada

Padre bueno, gracias por la vida y gracias por la muerte deseada.

Gracias por la muerte que es la llegada de lo deseado, por haber vivido de manera sentida como completa, por haber cerrado el círculo del sentido, por haber transmitido el legado espiritual y desear el descanso de tanta fragilidad.

Gracias por la muerte que no es súbita, que no es infligida por nadie, que acontece en un proceso natural, rodeada de atenciones y cuidado, la muerte que es vivida como liberación y como punto lógico de llegada.

Gracias por la muerte que nos abre al misterio de la vida, que nos enseña a vivir vidas logradas y con sentido, de las que ser protagonistas. Gracias por las vidas vividas como regalo, gracia; vividas como oportunidad aprovechada y limitada.

Gracias por la muerte cumplida y deseada.
Amén.
San Camilo: ruega por nosotros.

84

Las personas pacientes

Padre bueno, gracias por la vida y gracias por las personas pacientes.

Gracias por las personas que se ejercitan en el arte de esperar con calma, sin grandes lamentaciones, sin agresividad, sin dejarse habitar por la inquietud que expropia los modales.

Gracias por las personas que no son apresuradas en tomar decisiones, que esperan sin precipitación, que se mantienen comprensivos ante los procesos que requieren tiempo y capacidad de aguardar.

Gracias por quienes no se dejan llevar de la inquietud y la impaciencia, de la ansiedad incontrolada y de la prisa peligrosa.

Gracias por las personas que saben aguardar, que cultivan la virtud de la confianza mientras atienden a que se produzca o no lo que desean.

Gracias por las personas pacientes.
Amén.
San Camilo: ruega por nosotros.

85

La limosna

Padre bueno, gracias por la vida y gracias por la limosna.

Gracias por las cosas y el dinero que se dan por caridad, por deseo de ayudar a quien lo necesita. Gracias por la caridad que trabaja por la justicia no solo puntualmente, sino que hace de la propia vida un servicio que tiende a empoderar a los débiles.

Gracias por la limosna, gracias a la cual inician procesos de inserción, proyectos de solidaridad bien planificados y llamados al desarrollo individual y comunitario.

Gracias por la limosna que se convierte en don personal de lo propio, de los propios recursos, generosamente, sin buscar a cambio, solidariamente, sigilosamente.

Gracias por los donativos que ayudan a las personas e instituciones a mantener el equilibrio necesario en su vida, en el desarrollo de los programas, en la atención a vulnerables y frágiles.

Gracias por la limosna.
Amén.
San Camilo: ruega por nosotros.

86

La desnudez

Padre bueno, gracias por la vida y gracias por la desnudez.

Gracias por la desnudez que habla de uno mismo, de la propia dimensión física, corporal, de la identidad y bondad de nuestro ser corporales.

Gracias por la desnudez como confianza, como encuentro en la intimidad respetuosa y cuidadora.

Gracias por la desnudez del dejarse cuidar, explorar para diagnosticar e intervenir para recuperar la salud.

Gracias por la desnudez respetada, dignificada, embellecida con el respeto de la diferencia, vivida con la humildad de la propia indigencia y relacionalidad.

Gracias por la desnudez de la verdad, la transparencia de la propia identidad, la bondad de lo que no es desvirtuado, sino que se presenta en su ser natural.

Gracias por la desnudez buena, ingenua, relacional, sana. Amén.
San Camilo: ruega por nosotros.

87

Los enfermos

Padre bueno, gracias por la vida y gracias por los enfermos.

Gracias por los enfermos que se dejan cuidar, los enfermos que quieren curarse, los enfermos que aceptan la paliación para vivir con mejor calidad lo que no se puede evitar.

Gracias por los enfermos a los que dedicamos suficiente atención, a los que ponemos en el centro de los vínculos profesionales sociosanitarios, en torno a los cuales circulan los sistemas de protección de la salud.

Gracias por los enfermos que atendemos desde las hondas convicciones de la fe, según la cual ellos son la pupila y el corazón de Dios.

Gracias por nuestra dimensión frágil y vulnerable, necesitada del cuidado de nosotros mismos y de los demás para mantenerse y aliviar el sufrimiento.

Gracias por los enfermos.
Amén.
San Camilo: ruega por nosotros.

88

Las manos limpias

Padre bueno, gracias por la vida y gracias por las manos limpias.

Gracias por quienes mantienen la integridad en sus conductas y manejan con transparencia los recursos propios y comunes. Gracias por quienes cuidan las motivaciones y no se manchan las manos con ninguna forma de corrupción.

Gracias por quienes logran ser honestos consigo mismos y con los demás y no ensucian con intereses propios las gestiones de los bienes.

Gracias por quienes no se aprovechan de lo común para beneficio propio, gracias por quienes pueden dar cuenta de lo que hacen, por qué lo hacen, para qué lo hacen, y con qué autoridad lo hacen.

Gracias por la transparencia que producen la honestidad y la honradez. Gracias por la justicia practicada por quienes pueden dar razón del buen hacer.

Gracias por quienes tienen las manos limpias.
Amén.
San Camilo: ruega por nosotros.

89

El corazón sensato

Padre bueno, gracias por la vida y gracias por el corazón sensato.

Gracias por el corazón que piensa, que ve, que discierne, que pondera.

Gracias por el corazón de carne, que late a ritmo saludable, que vibra con el sentir ajeno, que se conmueve y se dilata para hacer nacer los buenos proyectos, planificar el bien y la bondad.

Gracias por el corazón lleno de nombres, escritos con punta de diamante; gracias por el corazón que puede escrutarse, que puede sondearse para conocer la intimidad.

Gracias por el corazón que mueve al bien, que se alegra con la verdad, que agradece, que honra la memoria de los padres, que se expresa en salud en todo el cuerpo.

Gracias por el corazón que se deja habitar por Ti.
Amén.
San Camilo: ruega por nosotros.

90

Hacemos fiesta

Padre bueno, gracias por la vida y gracias porque hacemos fiesta.

Gracias porque tenemos el corazón dispuesto también para hacer fiesta, para celebrar, para honrar nuestra tradición, para descansar y cultivar relaciones placenteras, para vivir con gozo y alegría.

Gracias porque hacemos fiesta en nuestra vida con elementos que nos disponen a la relación gozosa, al cultivo de la belleza, al cuidado del arte y la elegancia, del encuentro y el buen humor.

Deseamos que las fiestas sean sanas, que no perdamos el control, que mantengamos la libertad y la prudencia, que sepamos solidarizarnos con las tradiciones cultivadas con respeto y creativa actualidad.

Gracias porque hacemos fiesta también para alabarte y reconocerte en nuestras vidas, Padre bueno.

Gracias por las fiestas.
Amén.
San Camilo: ruega por nosotros.

91

La protección de la salud

Padre bueno, gracias por la vida y gracias por la protección de la salud.

Gracias por los sistemas de protección de la salud que logran organizar las actividades preventivas, los servicios sanitarios, los recursos en los diferentes territorios, las especialidades necesarias para atender a los enfermos.

Gracias por los sistemas sanitarios que logran altas cotas de justicia, de accesibilidad de los recursos, de distribución libre de corrupción, de profesionalización humanizadora.

Gracias por los sistemas sanitarios que alcanzan a todos los ciudadanos, que trabajan por la universalidad, que promueven la humanización porque miran a las personas en su complejidad y multidimensionalidad.

Gracias por los planes y acciones para proteger y cuidar la salud.
Amén.
San Camilo: ruega por nosotros.

92

Los profesionales
que hacen guardia

Padre bueno, gracias por la vida y gracias por los profesionales que hacen guardia.

Gracias por todas las personas que se mantienen en su trabajo en turnos de noche o de fiesta, para hacer guardia, para cuidar en cualquier momento, para atender las urgencias, para aliviar sufrimiento, para socorrer en accidentes y catástrofes.

Gracias por los profesionales que saben estar dispuestos en las guardias, respondiendo con diligencia, comprometiéndose con las necesidades que surgen, manteniendo lucidez y altos niveles de accesibilidad y solicitud.

Gracias por los profesionales que sacrifican su descanso para velar, para salir al paso de los más frágiles, para cuidar la seguridad y el confort en todos los horarios, para proteger la dignidad de todas las personas.

Gracias por los profesionales que hacen guardia.
Amén.
San Camilo: ruega por nosotros.

93

Podemos pasear

Padre bueno, gracias por la vida y gracias porque podemos pasear.

Gracias por los paseos que damos solos o acompañados, para cuidarnos y para disfrutar, para relacionarnos y para mantener nuestro cuerpo ágil y bien dispuesto.

Gracias por los paseos que nos permiten descubrir novedades, conocer lugares distintos, apreciar el arte y la naturaleza, la calma y las numerosas formas de belleza.

Gracias por los paseos que nos confortan porque nos distraen, porque así cultivamos la amistad, el descanso y la distracción, la relajación y la contemplación.

Gracias por los paseos que nos dan salud física y mental, relacional y espiritual.

Gracias porque podemos pasear.
Amén.
San Camilo: ruega por nosotros.

94

La yerba

Padre bueno, gracias por la vida y gracias por la yerba.

Gracias por la yerba que nos regala belleza en nuestras vidas, que decora nuestras casas con jardines, que embellece las ciudades con espacios saludables, agradables, sanos.

Gracias por la yerba que cubre las montañas, que da alimento a los animales, que produce oxígeno para nuestra vida.

Gracias por el verde que nos inspira paz y esperanza, nos engalana y nos muestra armonía en las ciudades, nos concentra y atrae para el paseo y el descanso.

Gracias por la yerba que nos hace bien en nuestras vidas. Amén.
San Camilo: ruega por nosotros.

95

Los estanques

Padre bueno, gracias por la vida y gracias por los estanques.

Gracias por las cavidades de agua recogida, almacenada, guardada para nuestro uso, para el riego, para suministrar las necesidades de las personas.

Gracias por los estanques de agua limpia, con los que embellecemos parques y espacios de ocio, con hermosas plantas y peces que alegran los paseos.

Necesitamos lugares de agua para la vida, necesitamos lugares donde acudir a refrescarnos. Necesitamos referentes de naturaleza, pero también personas que contengan frescura y sean estanques de cultura, de valor, de potencial motivacional para enfrentar situaciones difíciles con esperanza.

Necesitamos estanques y depósitos de valor para recurrir a ellos y generar un mundo entrañable y bueno, unidos por la pasión por humanizar.

Gracias por los estanques.
Amén.
San Camilo: ruega por nosotros.

96

El silencio del cuerpo

Padre bueno, gracias por la vida y gracias por el silencio del cuerpo.

Gracias por el cuerpo humano cuando no duele nada, cuando nada molesta, cuando parece que todo funciona bien y "no hace ruido", no hay disfunciones, traumas y malestares.

Gracias por el cuerpo humano del que deseamos ser dueños, al que queremos cuidar y respetar con dignidad, del que nos sentimos responsables en clave preventiva.

Gracias por el cuerpo humano armónico, gracias por esos momentos en los que parece que todo es buen funcionamiento y, sin darnos cuenta, calladamente, está conectado y en equilibrio.

Sabemos que la salud no es solo el silencio del cuerpo, sino la responsabilidad de la vida relacional, la experiencia armónica y regalada de él.

Gracias por el silencio del cuerpo.
Amén.
San Camilo: ruega por nosotros.

97

La inteligencia artificial

Padre bueno, gracias por la vida y gracias por la inteligencia artificial.

Gracias por los logros humanos en gestionar la información y facilitar el acceso universal a la misma, de manera ordenada, útil, procesada y contrastada.

Deseamos hacer un buen uso de la inteligencia artificial como mero medio, como herramienta que no sustituya nunca a la libertad humana, como recurso que no disminuya la creatividad humana, con la prudencia de quien sabe que no es el ser humano el que procesa, sino las lógicas algorítmicas.

Estamos dispuestos a hacer leyes y adoptar conductas que sean el resultado de usos prudentes y moderados, útiles y siempre éticos.

Acogemos las bondades de la inteligencia artificial al servicio de la salud, la miramos con prudencia en su uso en el duelo y nos comprometemos a preguntarnos siempre sobre nuestra humanidad y el valor de la presencia por encima de la apariencia.

Gracias por la inteligencia artificial.
Amén.
San Camilo: ruega por nosotros.

98

La identidad
de cada persona

Padre bueno, gracias por la vida y gracias por la identidad de cada persona.

Gracias porque nos has hecho diferentes, con una identidad que nos distingue, que nos hace tener una biografía, una historia personal, un carácter distinto, una libertad única, una conciencia personal, un horizonte concreto.

Gracias por nuestra identidad en aquello que nos resulta atractivo y positivo, porque cristaliza valores y cualidades. Pero gracias también por los límites, que nos definen y distinguen, nos desafían y se convierten en posibles trampolines de resiliencia.

Gracias por nuestra identidad contextualizada en una familia, en una comunidad, en un perfil profesional, en un ser amigo, en una cultura concreta, con unas huellas dactilares distintas como símbolo de nuestra unicidad.

Gracias por la identidad y diferencia de cada persona. Amén.
San Camilo: ruega por nosotros.

99

Lo inédito

Padre bueno, gracias por la vida y gracias por lo inédito.

Gracias por lo que aún no se ha producido, aún no hemos visto, aún no hemos creado, todavía no hemos escrito ni publicado.

Gracias por lo que aún podemos generar de nuevo, en todos los campos del saber y del innovar, lo que es viable pero inédito, lo que aún no hemos imaginado y podemos inventar.

Gracias porque nos has hecho abiertos a lo que vendrá, a lo inédito.

Pero queremos siempre ser fieles a los valores de la paz, la solidaridad y el amor, la justicia y la compasión. No queremos editar lo que destruya la humanidad, lo que vulnere la dignidad.

Gracias por lo inédito viable, que haremos llegar para un mundo más humano.

Amén.
San Camilo: ruega por nosotros.

100

Los Cuidados Intensivos

Padre bueno, gracias por la vida y gracias por los Cuidados Intensivos.

Gracias por los profesionales que trabajan en este espacio de los hospitales, sosteniendo la vida, atentos a las señales vitales, cuidando a los pacientes y a los familiares.

Gracias por los familiares que viven en esperanza, que aceptan los límites, que confían en los trabajadores, que saben regular su presencia para el bien de todos.

Gracias por los especialistas que convierten su profesión en una forma de ternura para con la vida amenazada, necesitada de soporte y ayuda para sostenerla.

Gracias por los profesionales creativos, que consideran todas las dimensiones de la persona cuando cuidan en Terapia Intensiva, dando espacio no solo a lo biológico, sino también a lo relacional, emocional, cognitivo, valórico y espiritual.

Gracias por el mundo de la salud que se mueve en torno a los Cuidados Intensivos.
Amén.
San Camilo: ruega por nosotros.

101

El agua de la ducha

Padre bueno, gracias por la vida y gracias por el agua de la ducha.

Gracias porque podemos disponer de agua abundante, normalmente caliente, para nuestra higiene y nuestro confort.

Gracias porque nuestro cuerpo se renueva y da gusto sentirlo limpio y relajado, gracias al agua de la ducha. Agua limpia y templada que nos hace bien.

También queremos tener nuestras manos limpias, nuestro corazón limpio, nuestras conductas limpias, nuestros pensamientos limpios, nuestras motivaciones saneadas.

Gracias porque podemos ducharnos por fuera y renovar por dentro, mediante el cambio, el arrepentimiento, la reparación, la purificación de las motivaciones y el cultivo de las virtudes que nos permiten llevar una vida buena.

Gracias por el agua de la ducha y la limpieza del corazón. Amén.
San Camilo: ruega por nosotros.

102

Los vestidos litúrgicos

Padre bueno, gracias por la vida y gracias por los vestidos litúrgicos.

Gracias por los elementos litúrgicos que nos ayudan a simbolizar la presencia de Jesús entre nosotros, a evocar lo sagrado y cuidar el arte en los ritos que realizamos para humanizarnos.

Gracias por los vestidos litúrgicos humildes, no ostentosos, que simbolizan, pero no separan, no distancian, no atentan a la exageración y desproporción. Gracias por todo lo que nos ayuda a evocar tu presencia, Padre bueno, a dirigirnos a ti con dignidad, a alabarte y presentarnos ante Ti indigentes y esperanzados, confiados y en proximidad de amistad.

Gracias por los elementos litúrgicos que hablan de servicio, de disposición a la caridad, al cuidado de todo, también de las asambleas y del arte en medio de todos, como expresión de la belleza que humaniza.

Gracias los vestidos litúrgicos sencillos.
Amén.
San Camilo: ruega por nosotros.

103

Los artistas

Padre bueno, gracias por la vida y gracias por los artistas.

Gracias por los artistas de todo tipo de espectáculos, los artistas de todas las formas de expresión del arte en sus múltiples formas: música, teatro, cine, arquitectura, escultura, música…

Gracias por los artistas que evocan, con su expertía y pericia, el amor a la belleza, los procesos adecuados para provocar el asombro y la admiración. Gracias por su esfuerzo en entrenarse, en practicar, para producir resultados armónicos, bellos, espectaculares.

Gracias por las habilidades físicas, corporales, técnicas, pero también por las habilidades mentales, las genialidades del lenguaje, el excelente manejo de las relaciones, la profesionalidad y precisión, la armonía y cuanto genera el buen resultado en el arte.

Gracias porque el arte nos permite cultivar nuestra dimensión trascendente, también en su cristalización en claves de fe que humaniza.

Gracias por los artistas.
Amén.
San Camilo: ruega por nosotros.

104

Los hortelanos

Padre bueno, gracias por la vida y gracias por los hortelanos.

Gracias por quienes cultivan verduras y frutas en los huertos, para alimentarnos saludablemente.

Gracias por los hortelanos que saben de procesos, de paciencia, de sembrar y esperar, de respeto y diversidad. Gracias por los hortelanos.

Gracias por quienes cultivan también el corazón y los hábitos, cuidan los pensamientos y manejan los sentimientos, atienden a las dinámicas del mundo interior y relacional, y se convierten así en hortelanos del espíritu.

Gracias por los que, con ánimo de cultivo y promoción, atienden artesanalmente a las cosas del corazón y cuidan los vínculos con el mundo, con las personas y contigo mismo, Padre bueno. Gracias, por eso, por los hortelanos del espíritu.

Anhelamos ser buenos hortelanos para tener cultivos saludables de cuanto nos ayuda a ser felices y buenos.

Gracias por los hortelanos.
Amén.
San Camilo: ruega por nosotros.

105

Los espectadores

Padre bueno, gracias por la vida y gracias por los espectadores.

Gracias por los participantes de los espectáculos que aprecian el servicio y la genialidad de los actores y ayudantes que trabajan para lograr una buena función.

Gracias por los espectadores positivos, que reconocen y admiran el bien, que no están pendientes de los pequeños errores, que son indulgentes y positivos, acogedores de cuanto se produce con la magia de los actores.

Gracias por todos los ritos que tienen una dimensión de espectáculo, que sirven para convocar y formar asambleas con intereses comunes, solidaridad en las dinámicas que humanizan.

Gracias por los espectadores que captan la interioridad, la belleza de las formas evocadoras de la profundidad del corazón humano. Gracias por los espectadores que se divierten, pero también que participan conectados desde el interior para que la representación logre su poder seductor y persuasivo para una vida virtuosa.

Gracias por los buenos espectadores.
Amén.
San Camilo: ruega por nosotros.

106

Los límites

Padre bueno, gracias por la vida y gracias por los límites.

Gracias porque reconocemos que las cosas tienen sus límites, que marcan su definición, su identidad y su diferencia.

Gracias por los límites que determinan las cosas y las personas, y que nos reclaman el respeto de los seres distintos unos de otros.

Gracias por los límites que se convierten en normas, criterios, para determinar una vida hecha de respeto de las propiedades, moderación de las conductas y entidad distinta de cada persona con su intrínseca dignidad.

Gracias por los límites en el uso que previene el abuso. Gracias por los límites que nos dibujan la moderación y evitan la exageración. Gracias por los límites que nos ponemos a nosotros mismos y a los demás, para llevar una vida moral donde los criterios éticos nos ayuden a humanizar.

Gracias por los límites que aceptamos y respetamos. Amén.
San Camilo: ruega por nosotros.

107

Los catálogos

Padre bueno, gracias por la vida y gracias por los catálogos.

Gracias por los catálogos de las cosas, los modelos y los tipos y marcas con los que contamos, que nos permiten identificar los objetos de nuestra necesidad.

Gracias por los catálogos que muestran la diversidad y permiten la elección.

Pero gracias también por las múltiples formas que adquieren las conductas, en una amplia diversidad de expresión de la bondad y del respeto recíproco entre las personas y hacia las cosas y los animales.

Gracias porque contamos con un catálogo amplio de posibilidades de bien y de elección de lo que permite construir un mundo hecho de elementos buenos, para llevar una buena calidad de vida.

Gracias por los que producen elementos diversos para ayudar al ser humano con la técnica y la robótica que humanizan. Gracias porque nunca una máquina y un objeto sustituirán la hondura y el poder de una mirada, un gesto, una presencia humana compasiva y solidaria.

Gracias por los catálogos y la diversidad.
Amén.
San Camilo: ruega por nosotros.

108

Lo silvestre

Padre bueno, gracias por la vida y gracias por lo silvestre.

Gracias por todo lo que se produce y se cría sin cultivo, sin intervención del ser humano, sin cuidado hortelano.

Gracias por lo que se da de manera natural, lo agreste, lo no tratado, lo que es como es, sin orden ni intervención cuidadosa del ser humano.

Gracias por las plantas silvestres, los frutos silvestres, los animales silvestres. Gracias por su belleza y su aportación al mundo. Gracias porque Tú lo has creado todo y lo silvestre nos hace experimentar mayormente el agradecimiento y reconocimiento de lo gratuito, de lo que no es fruto de nuestro esfuerzo.

Gracias por la vida silvestre que da equilibrio al mundo. Pero gracias también por la vida tratada, cultivada, ordenada según jerarquía de categorías, de utilidad y de bondad para sostener la vida humana y satisfacer las necesidades de las personas.

Gracias porque podemos intervenir moderadamente sobre el mundo natural, respetando cuanto necesario para que se produzca continuidad para generaciones futuras.

Gracias por lo silvestre.
Amén.
San Camilo: ruega por nosotros.

109

La respiración

Padre bueno, gracias por la vida y gracias por la respiración.

Gracias por la respiración serena, la respiración de aire puro y limpio que nos dota de oxígeno para nuestra vida en el buen funcionamiento de los órganos.

Gracias por la respiración que nos pone en contacto con el exterior y nos introduce en el interior lo que necesitamos para el equilibrio y buena armonía de la vida.

Gracias porque la respiración se agita y va al ritmo de las emociones, y sale al paso de una mayor necesidad de oxigenación.

Gracias porque al respirar, inhalamos y exhalamos y simbolizamos el espíritu que nos habita, que nos da vida cargada de armonía y de intercambio, de interacción y de economía de los elementos.

Gracias porque Tú conoces nuestro hálito vital y nos lo sostienes como el dador de vida.

Gracias por la respiración.
Amén.
San Camilo: ruega por nosotros.

110

El espejo

Padre bueno, gracias por la vida y gracias por el espejo.

Gracias por el espejo limpio y plano que nos devuelve nuestra imagen real.

Gracias porque podemos vernos, identificarnos, conocernos, aceptarnos, cuidarnos en nuestra identidad percibida, y que nos habla de biografía y vida hecha, de pasado heredado y construido.

Gracias por el espejo que nos reclama la humildad, la integridad, la aceptación de lo que nos caracteriza y define. Deseamos vivir gozosos con nuestra imagen, regalar lo bueno de nuestra identidad, cuidar lo específico de nuestra personalidad poniéndolo en línea con los valores que deseamos honrar.

Gracias por nuestra imagen real hecha de aceptación y reconocimiento de la bondad de la naturaleza, de la integración de los límites, de la diferencia de los seres.

Gracias por nuestra imagen real que, al aceptar, no nos genera rechazo ni sufrimiento evitable, sino trabajo por el cuidado y el desarrollo moral permanente.

Gracias por el espejo y nuestra imagen real.
Amén.
San Camilo: ruega por nosotros.

111

Podemos rectificar

Padre bueno, gracias por la vida y gracias porque podemos rectificar.

Gracias porque nos equivocamos, pero podemos reconocerlo, darnos cuenta, pedir disculpas, cambiar y rectificar.

La humildad nos permite reconocer nuestras equivocaciones, las cosas que hacemos mal, y aceptar nuestro error y disponernos al cambio, expresando abiertamente nuestro fallo y modificando nuestra conducta.

Gracias porque nos has hecho limitados, pero abiertos a la luz de la conciencia y dispuestos al cambio y a la conversión, a la reparación necesaria para construir justicia y verdad.

Gracias porque podemos situarnos en nuevos puntos de vista, en nuevos posicionamientos, superando la cerrazón, los dogmatismos o estrecheces, los fundamentalismos y faltas de diálogo y apertura.

Gracias porque podemos rectificar.
Amén.
San Camilo: ruega por nosotros.

112

El azar

Padre bueno, gracias por la vida y gracias por el azar.

Gracias porque nos has creado libres y has abierto el funcionamiento del mundo y el sucederse de las cosas al azar y a las posibilidades. No nos has entregado a la fatalidad, al fatalismo, al determinismo, sino que nos has hecho abiertos a las posibilidades del azar, la casualidad y la libertad de opción.

Estamos entregados a un mundo creado que está en tus manos, pero que has dejado abierto y funcionante con sus propias leyes de cambio y evolución, de probabilidad y de elección.

Gracias por la libertad y el azar, que nos invitan a ser responsables en nuestro entorno, para con los demás y las cosas, para con la naturaleza y los procesos tecnológicos y de ayuda al ser humano.

Gracias por el azar que nos muestra y permite la libertad y la responsabilidad; detrás de las cuales siempre estás Tú.

Amén.

San Camilo: ruega por nosotros.

113

El incienso

Padre bueno, gracias por la vida y gracias por el incienso.

Gracias por las preparaciones de resinas aromáticas que utilizamos para perfumar espacios y darles sentido sagrado.

Gracias por el incienso que usamos en las casas, en las reuniones que queremos hacer amables.

Gracias por el incienso que utilizamos en los templos, con el que mostramos nuestro reconocimiento de personas y símbolos, identificamos momentos para la alabanza y los ritos.

No queremos incensarnos entre las personas adulando, halagando o congraciándonos exageradamente. Deseamos reconocernos con equilibrio y madurez bendiciéndonos debidamente.

Gracias por todo aquello que incensamos ritualizando así, desde el arder que aromatiza, nuestras asambleas ceremoniosas y dignas.

Gracias por el incienso.
Amén.
San Camilo: ruega por nosotros.

114

El olor a pan

Padre bueno, gracias por la vida y gracias por el olor a pan.

Gracias porque donde se hace pan, donde se despacha pan, donde hay pan fresco, disfrutamos de la fragancia a masa recién hecha, salida del horno.

Gracias por las notas dulces y tostadas que estimulan el apetito y el deseo del pan y de la bollería.

Gracias porque hacer pan es más que una tradición. Es un compromiso con nosotros mismos, con la vida y la salud, con el encuentro de las personas alrededor de la mesa.

Gracias porque nos invitas a compartir el pan, a hacer para que no falte pan a nadie, a construir fraternidad en torno a lo básico, a la solidaridad y la ayuda recíproca.

Gracias por el pan en el que se hace presente Tu Hijo, como expresión de la unión fraterna, del amor solidario, de la presencia y deseo de vida eterna, de vida buena, de vida contigo y con todos.

Gracias por el pan fresco y el olor a pan.
Amén.
San Camilo: ruega por nosotros.

115

La terapia de las palabras

Padre bueno, gracias por la vida y gracias por la terapia de las palabras.

Gracias por las palabras que ayudan a curar, las palabras entrañables, compasivas, las que vehiculan comprensión y apoyo, las que motivan y suscitan esperanza, las que salen del corazón y alcanzan al corazón.

Gracias por las palabras de quienes ayudan a poner orden en los pensamientos, en los sentimientos, en las experiencias, en los anhelos y posibilidades de sanar el pasado y cuidar el presente.

Gracias por las palabras que no son superficiales, que describen lo que hace sufrir y refuerzan el deseo y el compromiso por mejorar y afrontar las adversidades.

Gracias por las palabras que nos sirven para infundir salud en los corazones afligidos, proveer apoyo desde la verdad y desde la búsqueda del bien y la salud.

Gracias por la terapia de las palabras.
Amén.
San Camilo: ruega por nosotros.

116

La fruta fresca

Padre bueno, gracias por la vida y gracias por la fruta fresca.

Gracias por la fruta fresca y madura, cargada de sabor identitario, aromático, con sus dulces y ácidos y aromas distintos y tan variados.

Gracias por la fruta fresca que encontramos en los árboles que Tú iluminas y calientas. Gracias porque nos regalas frutos, después y antes de nuestros cultivos.

Gracias por la fruta fresca que adorna nuestras mesas, que nos dan salud, pero también belleza, colores, alegría, bienestar y armonía sorprendente.

Gracias porque también nosotros queremos estar sanos y frescos para ser un regalo para los demás. Queremos estar armónicos para que nuestra persona sea bella ante los demás. Bella porque buena y armoniosa.

Gracias por la fruta fresca.
Amén.
San Camilo: ruega por nosotros.

117

Los corazones blandos

Padre bueno, gracias por la vida y gracias por los corazones blandos.

Gracias por las personas que tienen un corazón tierno, blando, que se muestra comprensivo y amable en las relaciones, misericordioso y cariñoso para con los demás.

Gracias por las personas que, con su corazón blando, se hacen accesibles, escuchan, acogen, se muestran hospitalarias y da gusto con ellas.

Gracias porque anhelamos un corazón tierno, de carne, que vea, que palpite en sintonía con el sentir de los demás, que haga planes sabios, que guarde las cosas que no se han de airear.

Gracias por las personas de buen corazón, llevadas natural y voluntariamente al bien, a la comprensión y compasión, a la ayuda personal en la fragilidad del prójimo.

Gracias por los corazones blandos.
Amén.
San Camilo: ruega por nosotros.

118

Los regresos

Padre bueno, gracias por la vida y gracias por los regresos.

Gracias porque podemos ir, salir, viajar, dejar nuestra casa para el encuentro familiar, el trabajo, la colaboración con otros grupos, otras ciudades, otros países.

Gracias porque podemos salir de nosotros, de nuestra identidad, de nuestros intereses, de la búsqueda de nuestro beneficio, y mirar por el otro, modificando y cambiando nuestro punto de vista, compartiendo nuestros bienes.

Pero gracias también porque podemos volver, podemos regresar, podemos recuperar nuestra cotidianeidad, nuestro entorno, nuestro trabajo, la convivencia con nuestros seres queridos.

Gracias por los regresos, por la tranquilidad, paz, seguridad y descanso que nos dan. Queremos también regresar cuando nos perdemos, cuando nos salimos del bien, cambiar, arrepentirnos y volver.

Gracias por los regresos.
Amén.
San Camilo: ruega por nosotros.

119

El remordimiento

Padre bueno, gracias por la vida y gracias por el remordimiento.

El remordimiento de conciencia es una especie de tristeza que nace cuando sospechamos que una cosa que hemos hecho es mala.

Cuando sabemos que lo realizado es malo realmente, sentimos arrepentimiento.

Queremos recapacitar sobre la propia conciencia. La búsqueda del bien requiere lucidez. La felicidad pasa por el camino virtuoso de la vida buena, no de la vida hábil que pisotea al prójimo y se aprovecha de él, individual o colectivamente.

La humanidad está necesitada de la conciencia reflexiva y buscadora de la vida virtuosa.

También queremos que los procesos de acompañamiento, relación de ayuda, incorporen el discernimiento sobre lo virtuoso y lo que hace daño.

Queremos dar cita al mundo de los valores, y no solo de los sentimientos, en toda forma de relación de ayuda.

Gracias por el remordimiento.
Amén.
San Camilo: ruega por nosotros.

120

La brisa

Padre bueno, gracias por la vida y gracias por la brisa.

Gracias por la brisa que refresca, que nos alivia en las fatigas, que se mueve y nos acaricia suavemente.

Gracias por toda forma de alivio en el esfuerzo, en el trabajo, en el cansancio, en el sufrir. Gracias por el alivio.

Deseamos ser unos para otros, brisa refrescante que alivia, suaviza, consuela, refuerza, motiva y da paz.

Gracias porque Tú eres para nosotros una suave brisa que nos inspira ternura y presencia sagradamente respetuosa.

Gracias por la brisa.
Amén.
San Camilo: ruega por nosotros.

Las vasijas

Padre bueno, gracias por la vida y gracias por las vasijas.

Gracias por los recipientes en los que conservamos o servimos alimentos y bebidas. Gracias por las vasijas que embellecemos y con las que dignificamos nuestros encuentros, nuestras mesas, nuestras fiestas.

Gracias por las vasijas que hablan de arte, de artesanía, pero también de cultura y belleza expresada de manera variada y rica.

Gracias por las vasijas en las que llevamos nuestros tesoros: nuestras frágiles vasijas nos hablan de nuestra identidad débil y vulnerable.

Gracias por las vasijas que utilizamos en la liturgia para alabarte y reconocerte entre nosotros con símbolos y ritos.

Gracias por las vasijas.
Amén.
San Camilo: ruega por nosotros.

122

Las miradas pueriles

Padre bueno, gracias por la vida y gracias por las miradas pueriles.

Gracias por las miradas de los niños, humildes, curiosas, tiernas, de asombro, limpias.

Gracias por las miradas de los adultos que logran humildad suficiente para mirar de manera transparente, sencilla, sin humillar nunca, sin transmitir rencor ni violencia.

Gracias por las miradas que acarician, que reconstruyen, confortan, muestran comprensión y afabilidad, aceptación y respeto, discreción y apoyo.

Gracias por las miradas que logramos educar, con las que nos hacemos cercanos de los demás, con las que inspiramos confianza en nosotros y estima.

Gracias por las miradas que seducen y crean vínculos saludables de amor.

Gracias por las miradas buenas.
Amén.
San Camilo: ruega por nosotros.

123

Los sueños no cumplidos

Padre bueno, gracias por la vida y gracias por los sueños no cumplidos.

Sí, gracias por los sueños que se ven frustrados, que nos hablan de nuestra capacidad de desear, de proyectar, pero también de nuestra limitación y saludable convivencia con la frustración.

Gracias por los sueños que, al no verse cumplidos, dan espacio a procesos de humildad, de humanización, de aceptación del límite, de reinvención de nosotros mismos, de vuelta a imaginar otros escenarios deseados.

Gracias por los malos sueños no cumplidos que nos permiten sentirnos liberados de la ansiedad y angustia que entrañaban.

Gracias por los sueños no cumplidos.
Amén.
San Camilo: ruega por nosotros.

124

El hambre

Padre bueno, gracias por la vida y gracias por el hambre.

Gracias por la necesidad que experimentamos de ingerir alimentos, de saciar nuestro deseo y nutrirnos con el gusto y el disfrute de los sabores y diferencia de texturas.

Gracias por el hambre que tenemos de encuentros, de relaciones significativas, de satisfacción de deseos y anhelos, de presencias y placeres.

Gracias porque nos sentimos solidarios para que nadie tenga hambre de pan, hambre de alimentos suficientes para llevar una vida digna y sana, preventiva y gozosa.

Gracias por todos los alimentos distribuidos para ayudar a las personas más necesitadas; gracias por la variedad de alimentos; gracias por la belleza de los alimentos; gracias por el valor humanizador de compartir los alimentos.

Gracias por el hambre y los alimentos.
Amén.
San Camilo: ruega por nosotros.

Los verbos

Padre bueno, gracias por la vida y gracias por los verbos.

Gracias por los verbos que conjugamos en activa para vivir en movimiento, en acción, activos y siendo protagonistas.

Gracias por los verbos que conjugamos en pasiva para dejarnos hacer, vivirnos cuidados, atendidos, amados.

Gracias por los verbos que conjugamos en reflexiva, que nos hacen protagonistas y actores, sujetos de nuestra acción y destinatarios de la misma.

Gracias por los verbos que son vehículos de ideas, de proyectos, que no hacen de las palabras tapias que separan, sino herramientas vivas del taller de la relación, de la cultura del encuentro y la humanización.

Gracias por los verbos que no son zanjas de las ideas, sino puentes de conexión entre las personas.

Gracias por tu Hijo Jesús, Verbo encarnado.
Amén.
San Camilo: ruega por nosotros.

126

La congruencia

Padre bueno, gracias por la vida y gracias por la congruencia.

Gracias por la actitud que nos dispone saludablemente en sintonía desde lo más hondo de nuestro ser, con la expresión más abierta de nuestras relaciones.

Gracias por la autenticidad de nuestras palabras, obras y gestos, con los cuales deseamos ser transparentes y nobles, comunicativos y eficaces con nuestras presencias de relación de ayuda.

Gracias por la autenticidad que nos da autoridad para confrontar, para expresar nuestra contrariedad con humildad, para buscar genuinamente el bien de unos y otros en la relación.

Gracias por la congruencia que nos permite autorrevelarnos con sinceridad, con sencillez, haciendo verdad con nosotros mismos y con los demás.

Gracias por la congruencia.
Amén.
San Camilo: ruega por nosotros.

Las personas con discapacidad

Padre bueno, gracias por la vida y gracias por las personas con discapacidad.

Gracias por quienes tienen capacidades diferentes, que se presentan con límites sensoriales, cognitivos, físicos y requieren de ayudas técnicas y humanas para potenciar la autoestima y la autonomía y libertad.

Gracias por las personas con discapacidad que nos recuerdan que todos tenemos límites, somos vulnerables y estamos llamados a ser saludablemente interdependientes.

Gracias por las personas que no se instalan en los beneficios secundarios de la dependencia, sino que adoptan actitudes resilientes y se hacen referentes motivadores de valores vividos desde la fragilidad.

Gracias por las personas con discapacidad que se asocian, que participan, que se integran en todos los espacios, construyendo un mundo de diversidad colaborativa.

Gracias por las personas con discapacidad.
Amén.
San Camilo: ruega por nosotros.

128

Los sentimientos básicos

Padre bueno, gracias por la vida y gracias por los sentimientos básicos.

Gracias porque sentimos, porque vibramos ente los estímulos externos e internos, ante los pensamientos y provocaciones.

Gracias porque experimentamos interiormente estados de ánimo distintos, y disfrutamos del eco personal del vivir, y también los sufrimos. Sentimos alegría, tristeza, miedo, rabia. Y los sabemos nombrar, y aprendemos a encauzar la energía que contienen para ponerla al servicio de los valores, con sabiduría humanizadora.

Gracias por los sentimientos que nos mueven, que podemos aprovechar como motivaciones para conductas nobles y buenas, que construyen bien y aportan identidad personal positiva, solidaria.

Gracias, Padre bueno, porque sentimos y así nos experimentamos vivos.
Amén.
San Camilo: ruega por nosotros.

129

Los corazones de carne

Padre bueno, gracias por la vida y gracias por los corazones de carne.

Gracias por los corazones blandos, habitados de buenos proyectos, de sentimientos que ennoblecen la vida humana, que la hacen entrañable y tierna.

Gracias por los corazones transformados, renovados, purificados, que no se mantienen duros, de piedra, llenos de ira y rencor.

Gracias por los corazones heridos, pero cicatrizados.

Gracias por los corazones que ven, que oyen, que dictan el buen obrar, que vibran con el sufrir de los demás.

Gracias por los corazones limpios, reparados después de rotos, libres para amar y construir un mundo humanizado.

Gracias por los corazones que logramos poner en nuestras manos.
Amén.
San Camilo: ruega por nosotros.

130

Los juegos

Padre bueno, gracias por la vida y gracias por los juegos.

Gracias por nuestras posibilidades que tenemos de jugar, de hacer cosas con alegría, con el fin de entretenernos, divertirnos, desarrollar diferentes capacidades, ponernos en relación.

Gracias porque podemos jugar con las palabras, embellecer la comunicación, lograr sana sutileza, ser sugerentes en la comunicación.

Gracias porque podemos jugar con nuestros cuerpos, competir en los deportes, mostrar nuestras capacidades de desafiarnos y mejorar.

Gracias porque podemos jugar con inventos, instrumentos, elementos tecnológicos, para entretenernos u obtener efectos atractivos y bellos.

Gracias porque nos provocas prudencia en los juegos, nos reclamas responsabilidad con el tiempo, las personas, el dinero, los límites que pueden hacer daño.

Gracias por los juegos saludables.
Amén.
San Camilo: ruega por nosotros.

131

Los retornos

Padre bueno, gracias por la vida y gracias por los retornos.

Gracias porque regresamos, volvemos después de irnos. Tenemos vuelta y confiamos en el lugar de partida como referencia.

Gracias porque poder regresar nos da también esperanza, porque en el origen tenemos confianza y energía para para volver a salir, para emprender nuevos viajes, nuevos proyectos, nuevos encuentros que deseamos sean humanizadores.

Gracias por los retornos sin incidentes, por los que se quedan, por los que hemos encontrado, por los hallazgos y posibilidades de cada lugar.

Gracias porque podemos retornar también cambiando cuando nos hemos equivocado, afianzándonos en los valores de origen, en los compromisos de partida, en la fidelidad a las vocaciones cotidianas.

Gracias por los retornos.
Amén.
San Camilo: ruega por nosotros.

132

El sueño

Padre bueno, gracias por la vida y gracias por el sueño.

Gracias por el sueño que nos induce los estados oníricos, que nos da paso al descanso, a la desconexión, a la paz de la no actividad.

Gracias por el sueño como evocación de anhelos, de ideales, de proyectos que, al compartirlos, aumentan la posibilidad de convertirse en realidad.

Gracias por los sueños que hacen imaginar posibles viables inéditos por los que apasionarse para construir un mundo bueno, un espacio de justicia, amor y paz, sueño de toda la humanidad.

Gracias por los sueños que nos instan a la prudencia, porque nos revelan nuestras energías inconscientes.

Gracias por el sueño y los sueños.
Amén.
San Camilo: ruega por nosotros.

133

La esperanza audaz

Padre bueno, gracias por la vida y gracias por la esperanza audaz.

Gracias por la esperanza que está enraizada en lo profundo del ser humano, que tiene espacio independientemente de las circunstancias y condicionamientos históricos de cada uno.

Gracias por la esperanza que nos habla de sed, de aspiración, de anhelo de plenitud, de vida lograda, de un querer tocar el bien a lo grande, que se encarna en cosas pequeñas.

Gracias por la esperanza que nos habita el corazón y eleva el espíritu hacia las cosas grandes, como la verdad, la bondad, la belleza, la justicia, el amor.

Gracias por la esperanza que sabe mirar más allá del bienestar solo personal, más allá de las pequeñas seguridades, para abrirse a los grandes ideales que hacen la vida más bella y digna.

Queremos caminar en esperanza.
Gracias por la esperanza audaz.
Amén.
San Camilo: ruega por nosotros.

134

La ternura
de los profesionales

Padre bueno, gracias por la vida y gracias por la ternura de los profesionales.

Sí, gracias por los profesionales del cuidado y de la salud que son capaces de hacer operativa la ternura en las relaciones de cuidado.

Gracias por los profesionales tiernos que hablan con amabilidad, que preguntan con sencillez, que dan indicaciones con firmeza respetuosa.

Gracias por los profesionales de la salud y del cuidado que son entrañables, que tienen el corazón puesto en sus labios, en su mirada, en las manos, y cuidan con ternura de adultos, con ternura que hace justicia en la relación con los vulnerables y frágiles.

Gracias por la ternura que hace más fácil la relación de ayuda, que muestra la adultez de las relaciones, la bondad de los vínculos, la hondura de todo gesto compasivo.

Gracias por la ternura de los profesionales.
Amén.
San Camilo: ruega por nosotros.

135

El amor afectivo y efectivo

Padre bueno, gracias por la vida y gracias por el amor efectivo y efectivo.

Sí, san Vicente de Paúl nos invitaba a cultivar dos amores: amor afectivo y amor eficaz.

El amor afectivo sería como la ternura hacia las personas y las cosas. Como un hermano pequeño al que el padre acaricia, con quien se entretiene jugando y cuyos balbuceos le encanta oír.

El amor eficaz, efectivo, es mucho mayor, dueño de su voluntad, va donde le place y regresa cuando quiere, se ocupa de los asuntos que hay que resolver. El amor eficaz es resolutivo, práctico, sabe hacer, ayuda de manera concreta. Ama operativamente.

Gracias, Padre bueno, por el amor que se hace afectivo y efectivo, que no se queda en palabras, ni es mero activismo. Gracias por el amor servicial, el amor fraterno, el amor que se hace compasivo y eficaz.

Gracias por el amor afectivo y efectivo.
Amén.
San Camilo: ruega por nosotros.

136

El otoño

Padre bueno, gracias por la vida y gracias por el otoño.

Gracias por el tiempo del año que nos resulta templado, que alivia los rigores veraniegos, que nos muestra el fin de la vida de tantas plantas verdes, con su bellísima variedad de colores en las hojas.

Gracias por el otoño que nos provoca la conciencia de la muerte, de la naturalidad de la muerte, de lo efímero de tantas realidades, cuyo tiempo se muestra claramente limitado, cuya caducidad se evidencia en su fin esperado.

Gracias por los paisajes otoñales, tan bellos, tan variados, tan ricos de tonalidades. En ellos descubrimos que hay belleza en el morir, como hay esperanza también en nueva vida, en nuevos ciclos, en nuevas primaveras que hay que aguardar pacientemente.

Gracias por el otoño de las personas, que se manifiestan también en recogimiento, en anuncio de caducidad, en expresión variada de la propia y legítima identidad y rareza.

Gracias por el otoño que admiramos en las hojas.
Amén.
San Camilo: ruega por nosotros.

137

La fraternidad

Padre bueno, gracias por la vida y gracias por la fraternidad.

Gracias por la vocación universal a vincularnos como hermanos que se respetan, que tienen la misma sangre, que se reconocen pertenecientes a una identidad común que preservar y cuidar.

Gracias por la fraternidad que nos hace vernos a todos con la misma dignidad, que nos evoca el imperativo de respetarnos y cuidarnos, como corresponsables unos de otros.

Gracias porque nos reclamas la pertenencia de todos a una misma familia, con vínculos de solidaridad y comunión, particularmente en la fragilidad, la enfermedad, la discapacidad y la dependencia.

Gracias por la fraternidad por encima de las culturas, de los continentes, de las lenguas, de las religiones, de las tradiciones, del color de la piel, de las diferentes pertenencias que también nos vinculan.

Gracias, Padre bueno, porque lo eres de todos y nos desafías a una filiación que humaniza.

Gracias por la fraternidad.
Amén.
San Camilo: ruega por nosotros.

138

Los paisajes bellos

Padre bueno, gracias por la vida y gracias por los paisajes bellos.

Gracias por el regalo que nos ofreces en la naturaleza, en los accidentes geográficos, en las estaciones del año, en la riqueza de la presencia y ausencia del agua.

Gracias porque, al mirar la naturaleza bella, nos sentimos provocados a reconocerte y admirarte por su creación.

Gracias porque nos vamos sintiendo responsables del cuidado de nuestra casa común, la tierra que nos has regalado llena de bondad y de recursos, de vida admirable y buena.

Gracias por los paisajes humanos, que muestran también la diversidad de caracteres, la variedad de personas y manifestaciones emocionales, culturales y religiosas.

Gracias por los paisajes que respetamos y cuidamos para que nuestro planeta siga siendo habitable para generaciones venideras.

Gracias por los paisajes bellos.
Amén.
San Camilo: ruega por nosotros.

La información globalizada

Padre bueno, gracias por la vida y gracias por la información globalizada.

Gracias por los recursos que logramos combinando y haciendo accesible la información globalizada, con la tecnología.

Gracias porque deseamos seguir humanizando con ayuda de la técnica.

Nos comprometemos a utilizar responsablemente todo resultado de nuestra inventiva y todo hallazgo de posibles novedades al servicio de la fraternidad universal. Queremos limitar todo aquello que no haga bien: limitarlo en su uso, en sus riesgos, en lo que atente a los valores inherentes del ser humano.

Gracias porque podemos ayudarnos de la evidencia que resulta de la combinación de tanta información. Gracias porque nuestra creatividad y responsabilidad se mantiene en el uso de la tecnología. Gracias porque no dejamos que la voluntad humana dé por bueno todo lo que es posible.

Gracias por la inteligencia artificial que globaliza la información y que queremos usar bien.
Amén.
San Camilo: ruega por nosotros.

140

Capacidad de empalabrar

Padre bueno, gracias por la vida y gracias por nuestra capacidad de empalabrar.

Gracias por la posibilidad que tenemos de poner palabras a las experiencias, a las vivencias, a los acontecidos, a los sucesos no solo heroicos, sino también traumáticos y dolorosos.

Gracias por las personas que ayudan a otras a empalabrar sus vivencias y empoderarse, liberarse del sufrimiento mudo, del sinsentido del caos, de la soledad relacional.

Gracias por la posibilidad que nos das de ayudarnos a nombrar las cosas, los sentimientos, los sufrimientos, los pensamientos, los anhelos más profundos de sentirnos bien con nosotros mismos, con los demás, con el mundo y contigo mismo.

Gracias porque, al empalabrar, nos humanizamos, nos apoderamos de la realidad con nuestra comprensión y hacemos lo posible por ponerle sentido y encontrar nuestra responsabilidad en la vida.

Gracias por nuestra capacidad de empalabrar.
Amén.
San Camilo: ruega por nosotros.

141

La paz sin guerra

Padre bueno, gracias por la vida y gracias por la paz sin guerra.

Gracias por todos los lugares sin guerra. Gracias por todas las relaciones pacíficas. Gracias por todos los países que, interna y externamente, mantienen un equilibrio suficiente para vivir sin disparar, sin destruir, sin matar, sin declarar enemigo a los demás.

Gracias por todas las organizaciones que trabajan por promover el diálogo, por restaurar el respeto a las identidades, a las fronteras, a las diferencias. Gracias por cuanto logramos respetar las religiones, las ideologías, las configuraciones actuales de nuestro mundo, buscando los cambios responsablemente, sin violencia física ni de ningún tipo.

Gracias porque nos regalas la palabra como instrumento eficaz para buscar consensos que generen respeto y acuerdos suficientes para mantener el equilibrio respetuoso de las vidas humanas.

Gracias por todas las instancias y organizaciones que tienen como fin el máximo logro de la paz mundial, de la paz internacional, de la paz global, sin excepciones.

Gracias por la paz sin guerra.
Amén.
San Camilo: ruega por nosotros.

142

La autoestima

Padre bueno, gracias por la vida y gracias por la autoestima.

Gracias por la sana mirada a uno mismo, reconocedora de la dignidad y valor de la propia identidad, con las diferencias que dan la personalidad y distinguen de los demás, con el amor compasivo a uno mismo, que da equilibrio mental.

Gracias por la justa mirada a uno mismo, reconocedora de los límites, pero también suficientemente identificadora de las bondades que ayudan a vivir con gozo, con aceptación de uno mismo, en lo visible y en lo invisible, en lo que nos gusta y en lo que nos limita.

Gracias por la autoestima que nos hace humildes, pero también valiosos; limitados, pero también ricos en posibilidades; sencillos, pero también alegres por la bondad de nuestra identidad.

Gracias por la autoestima que no es destruida por los demás, que no se engríe ni exagera, que no se humilla ni sobredimensiona.

Gracias por la sana autoestima.
Amén.
San Camilo: ruega por nosotros.

143

Los museos

Padre bueno, gracias por la vida y gracias por los museos.

Gracias por los museos en los que concentramos y exhibimos elementos relacionados con la cultura, con la vida, con los tantos aspectos del ser humano, la naturaleza...

Gracias por los museos que nos permiten ampliar nuestro conocimiento más allá del aquí y ahora, reconocer la historia y valorarla, salir de nuestro espacio geográfico y temporal y ampliar la visión y el conocimiento.

Gracias por los museos que nos permiten apreciar el desarrollo tecnológico, que nos hacen reconocer el esfuerzo de nuestros antepasados para lograr lo que hoy tenemos más automatizado y accesible.

Gracias por los museos con los que honramos nuestra identidad y descubrimos también nuestras vergüenzas y horrores a lo largo de la historia.

Gracias por los museos de tanto arte, que nos invitan a cultivar la dimensión trascendente, que va más allá del tiempo, del espacio, y de lo actual.

Gracias por los museos.
Amén.
San Camilo: ruega por nosotros.

144

Las naranjas

Padre bueno, gracias por la vida y gracias por las naranjas.

Gracias por las bellas y ricas naranjas que nos alimentan y dan zumo, que embellecen algunas ciudades, jardines, casas, campos.

Gracias por el color bello de las naranjas maduras, el atractivo jugo que nos nutre y nos hace disfrutar, su aportación vitamínica y bondad para nuestra salud.

Gracias por las naranjas y todas las frutas que embellecen nuestra vida, ornamentan nuestras mesas, nutren nuestro cuerpo, dan color a nuestros paisajes, vida profesional y productiva a los que las cultivan y hacen accesibles.

Gracias por las naranjas tan identitarias de algunas zonas geográficas, que son referente de producción de la tierra, de generosidad de la naturaleza, de sostenimiento para tantas familias.

Gracias por las naranjas.
Amén.
San Camilo: ruega por nosotros.

145

La madera

Padre bueno, gracias por la vida y gracias por la madera.

Gracias por la madera que obtenemos de los árboles y nos permite hacer utensilios y obras de arte.

Gracias por el gran regalo de la variedad de maderas que, a lo largo de la historia, nos han permitido lograr elementos para humanizar nuestra vida personal y relacional.

Gracias por la madera que los artistas han tallado y con la que han embellecido numerosísimas salas, templos, coros, retablos, casas, espacios de uso común e individual.

Gracias por la madera a la que hemos dado forma con el arte y nos sirve para evocar personas, eventos, historias...

Gracias por la madera que deseamos respetar, sin agotar naturalmente las zonas de bosque necesarias para el equilibrio de nuestro planeta.

Gracias por el madero que hemos hecho referente universal de humanización: el madero paradójico de la cruz de Jesús.

Gracias por la madera.
Amén.
San Camilo: ruega por nosotros.

146

Tu Palabra

Padre bueno, gracias por la vida y gracias por tu Palabra.

Gracias por tu Palabra, que reconocemos como Palabra de Dios, fuente inagotable de inspiración, alimento para nuestras vidas, poderosa como filo cortante, consoladora y reconfortante, reveladora y clarificadora, honda y accesible.

Gracias por tu Palabra que da vida, que orienta una ética de la dignidad, una fraternidad universal, una bondad compasiva para con los débiles.

Gracias por tu Palabra capaz de descortezar las realidades sólidas, mostrar las motivaciones buenas, promover el diálogo liberador, reconocer las hazañas de quienes han contado contigo y nos han abierto el camino de la humanización.

Gracias por tu Palabra poética, por tu Palabra en prosa, por tu Palabra proclamada, por tu Palabra respetada.

Gracias por tu Palabra que hace de mediación, que promueve la paz y la salud, que integra a los excluidos y mueve a la ayuda a los débiles, que consuela y enciende la solidaridad con los pobres, que promueve el amor afectivo y efectivo.

Gracias, Padre bueno, por tu Palabra.
Amén.
San Camilo: ruega por nosotros.

147

Las fuentes de energía

Padre bueno, gracias por la vida y gracias por las fuentes de energía.

Gracias por las posibilidades que tenemos de obtener energía de la naturaleza, de guardarla y transformarla, de ponerla al servicio del movimiento, de la iluminación, de la tecnología con la que construimos un mundo más humano.

Gracias por las fuentes de energía que utilizamos y queremos no agotar, para dejar un mundo sano y habitable para las generaciones futuras.

Gracias por las fuentes de energía que queremos racionalizar y poner al servicio de una vida limpia y saludable. Gracias porque crecemos en sensibilidad a la contaminación, nos responsabilizamos en el transformar y enriquecer el uso de las fuentes de energía.

Gracias porque nos abrimos a la responsabilidad y al cambio para usar las fuentes naturales de energía que son renovables, no contaminantes, eficientes y buenas para el equilibrio.

Gracias por las fuentes de energía.
Amén.
San Camilo: ruega por nosotros.

148

La muerte digna

Padre bueno, gracias por la vida y gracias por la muerte digna.

Gracias porque nos regalas la posibilidad de vivir el final de nuestra vida de manera dignificada por el alivio de los sufrimientos que generan los síntomas displacenteros.

Gracias porque podemos acompañarnos al final con los conocimientos y métodos saludables para proporcionar consuelo y acogida emocional.

Gracias porque podemos celebrar el misterio de tu presencia y tu Gracia, mediante la celebración de ritos y el uso de recursos espirituales.

Gracias porque, con la cultura paliativa, acompañamos hasta el final, sin acortar la vida y sin prolongarla con colonización tecnológica deshumanizadora.

Gracias por todos los expertos en promover la dignidad en el final de la vida. Gracias por todos los profesionales y voluntarios que se dan cita en el acompañamiento humanizado de los que mueren.

Gracias porque podemos humanizar el morir y dignificarlo.
Amén.
San Camilo: ruega por nosotros.

149

Los capellanes de hospital

Padre bueno, gracias por la vida y gracias por los capellanes de hospital.

Gracias por los presbíteros, diáconos, religiosos, religiosas, seglares, que trabajan profesionalmente como asistentes espirituales y referentes religiosos en los hospitales.

Gracias por los capellanes que dedican sus mejores recursos humanos, espirituales, rituales, para acompañar procesos de enfermedad, recuperación, muerte, rehabilitación, en los hospitales.

Gracias por los capellanes que cultivan su formación, que humanizan su intervención, que trabajan en equipo –entre ellos y con los demás profesionales de la salud–, que se especializan en los más modernos y sólidos modos de cuidar la dimensión espiritual en la estación de la enfermedad.

Gracias por los capellanes que cumplen con sus tiempos, que hacen sus guardias, que atienden prontamente, que priorizan a los enfermos más solos y pobres, más necesitados de consuelo y paz en su corazón.

Gracias por todos los procesos espirituales que se humanizan por el acompañamiento de los capellanes de hospitales.
Amén.
San Camilo: ruega por nosotros.

150

Los premios "HUMANIZAR"

Padre bueno, gracias por la vida y gracias por los premios HUMANIZAR.

Gracias por las iniciativas de diferente índole que buscan poner en valor y visibilizar buenas prácticas en humanización.

Gracias por las personas que merecen ser reconocidas, los programas ejemplarizantes, las instituciones modélicas, las iniciativas humanizadoras que se multiplican en el mundo.

Gracias por los premios que son promovidos y usados como plataformas de comunicación de lo bueno, lo ejemplarizante, lo constructivo, lo innovador, lo que se puede replicar aprendiendo de las buenas prácticas de otros.

Gracias por tanta gente e iniciativas buenas, que no son premiadas, pero que merecen ser apoyadas, visibilizadas y promovidas, reconocidas con agradecimiento y admiración.

Gracias por los premios que hablan de humanizar.
Amén.
San Camilo: ruega por nosotros.

A modo de cierre

Padre bueno:

Gracias por este libro de oraciones con sabor a esperanza, que hemos utilizado con creatividad y nos ayuda a cultivar la mirada positiva hacia nosotros mismos, hacia el mundo, hacia la rica variedad de claves espirituales que hemos encontrado en él.

Gracias por todas las personas que han tomado en sus manos este libro y se han unido al sentir positivo, a la mirada que aprecia y evidencia la gracia que de Ti recibimos en todo cuanto nos acontece.

Gracias porque, con la oración de acción de gracias, nos ayudas a humanizarnos, a ser más entrañables con todo, a ser mejores personas, a ser más felices y gozosos.

Gracias por la oración. Gracias porque, al orar, hacemos un ejercicio de humildad y de apertura a lo trascendente, de diálogo contigo y de cuidado de la vida de nuestro corazón, necesitada de referencia de sentido último.

Gracias por la vida de cada día, que hemos agradecido con estas oraciones, que es nuestro bien mayor, sustento de todos los demás bienes y valores.

Gracias por san Camilo, a quien hemos invocado al final de cada oración, patrono de enfermos, enfermeros y hospitales, junto con san Juan de Dios. Gracias porque son referentes, para nosotros, de compasión y hospitalidad entrañable para con los enfermos.

Gracias porque nos has regalado un corazón agradecido
y que Te reconoce.
Amén.
San Camilo: ruega por nosotros.

Índice